MINDSET da CARREIRA

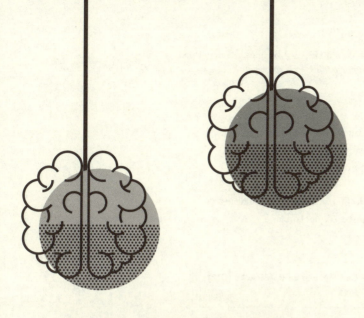

ART MARKMAN
MINDSET da CARREIRA

Como a ciência cognitiva pode ajudar você a conseguir um emprego, ter um desempenho fora de série e progredir em sua profissão

Tradução
Sonia Augusto

Benvirá

Copyright © Art Markman, 2019

Publicado mediante acordo com a Harvard Business Review Press
Título original: *Bring Your Brain to Work – Using Cognitive Science to Get a Job, Do It Well, and Advance Your Career*

Preparação Alyne Azuma e Thais Rimkus
Revisão Maurício Katayama
Diagramação 2 estúdio gráfico
Capa Deborah Mattos
Imagem de capa iStock/GettyImagesPlus/cienpies
Impressão e acabamento Edições Loyola

Dados Internacionais de Catalogação na Publicação (CIP)
Angélica Ilacqua CRB-8/7057

Markman, Art
 Mindset da carreira: como a ciência cognitiva pode ajudar você a conseguir um emprego, ter um desempenho
fora de série e progredir em sua profissão / Art Markman;
tradução de Sonia Augusto. – São Paulo: Benvirá, 2019.
 248 p.

ISBN 978-85-5717-328-6
Título original: *Bring Your Brain to Work*

1. Sucesso nos negócios 2. Orientação profissional
3. Psicologia industrial 4. Filosofia e ciências cognitivas
5. Cultura organizacional 6. Inteligência emocional
I.Título II. Augusto, Sonia

	CDD 658.409
19-1894	CDU 65.011.4

Índices para catálogo sistemático:
1. Sucesso nos negócios

1ª edição, outubro de 2019

Nenhuma parte desta publicação poderá ser reproduzida por qualquer meio ou forma sem a prévia autorização da Saraiva Educação. A violação dos direitos autorais é crime estabelecido na lei nº 9.610/98 e punido pelo artigo 184 do Código Penal.

Todos os direitos reservados à Benvirá, um selo da Saraiva Educação, parte do grupo Somos Educação.
Av. Doutora Ruth Cardoso, 7221, 1º Andar, Setor B
Pinheiros – São Paulo – SP – CEP: 05425-902

SAC: sac.sets@somoseducacao.com.br

CÓDIGO DA OBRA 645920   CL 670898   CAE 662981

*Para Amy, Lewis, Lauren, Jessica, Rolee e Alyx,
por tornarem o mestrado em Dimensões Humanas
das Organizações o que é hoje.*

Sumário

1 | O caminho para o sucesso passa pela ciência cognitiva......................9

PARTE I – Como conseguir um emprego............................ 23
2 | Encontre oportunidades que você pode valorizar.................25
3 | Como se candidatar a uma vaga e se comportar nas entrevistas.......43
4 | Da proposta à decisão 67

PARTE II – Como ser bem-sucedido no trabalho................ 91
5 | Aprender 93
6 | Comunicar 113
7 | Produzir..135
8 | Liderar..159

PARTE III – Como gerenciar sua carreira 185
 9 | Mudar de carreira, tentar uma promoção ou mudar de empresa ... 187
10 | Sua carreira...209

Epílogo | Escreva sua história..227
Referências 231
Agradecimentos 245
Sobre o autor...247

1

O caminho para o sucesso passa pela ciência cognitiva

Se você é como a maioria das pessoas, seus estudos na escola ou na faculdade tiveram muitas funções. Talvez você tenha aprendido habilidades técnicas a fim de se preparar para uma carreira específica. Pode ter tido a chance de desenvolver um pensamento crítico amplo. Talvez tenha se concentrado em aprimorar habilidades de comunicação. No entanto, nem o ensino básico nem o superior o prepararam para uma carreira – pelo menos não inteiramente –, uma vez que há muitos fatores em jogo que determinam seu sucesso no trabalho.

Como professor universitário, passo muito tempo com pessoas que pensam na própria carreira. Os alunos da faculdade se preocupam em conseguir um primeiro emprego depois de formados. Os estudantes de pós-graduação muitas vezes estão decidindo entre seguir uma carreira acadêmica ou entrar no mercado de trabalho, seja em alguma empresa privada, no setor público ou em uma entidade sem fins lucrativos. Ajudei a criar o programa de mestrado em Dimensões Humanas das Organizações (Human Dimensions Organizations, ou HDO, na sigla em inglês), que ensina os profissionais com uma carreira em desenvolvimento a pensar sobre pessoas. Os alunos usam o programa como meio de progredir profissionalmente: alguns fazem a transição de uma carreira para outra e outros o aproveitam para melhorar o trabalho que já fazem.

Com o tempo, percebi que muitas pesquisas em psicologia são relevantes para o modo como as pessoas pensam sobre a própria carreira, mas poucos as conhecem. Eu estava pensando justamente nisso quando falava ao telefone com meu filho mais velho, que tinha 23 anos na época. Ele estava me contando sobre um dia difícil que tivera no trabalho. Alguém no escritório havia gritado com ele por ter revelado a um cliente uma informação que o colega furioso achava que não deveria ter sido mencionada.

O que meu filho deveria fazer? Falar com o chefe e contar o que tinha acontecido? Tentar consertar a situação com o cliente? Conversar com o colega ofendido? Como começar a entender o que tinha feito de errado e como corrigir isso? O que você teria feito nessa situação? Pare um instante para pensar a respeito.

Agora pergunte a si mesmo: que curso eu fiz para aprender a lidar com uma situação profissional como essa? Provavelmente nenhum.

A necessidade desse tipo de curso não se encerra depois do primeiro emprego. Suponha que você seja o supervisor de um jovem funcionário e que um colega tenha gritado com ele. Como você lidaria com a situação? Você puniria o novo funcionário por divulgar a informação? Ficaria bravo com o colega por ter gritado? Como tentaria ajudar os dois a resolver a situação? Existe alternativa?

Muito do que acontece em sua vida profissional, desde o momento em que começa a procurar seu primeiro emprego, não tem relação com o que você aprendeu nas suas duas primeiras décadas de vida. Os universitários podem ouvir falar das oportunidades de trabalho que terão depois de formados, mas não aprendem muito sobre como de fato conseguir esse primeiro emprego. Os cursos de comunicação se concentram em como criar parágrafos bem escritos, e não em como conversar com um colega furioso ou em como motivar os colegas a trabalhar conjuntamente em um projeto. Estudar para as provas ajuda você a corrigir erros no material que está estudando, mas não lhe diz como resolver problemas em um projeto a ser entregue a um cliente. No sistema de ensino, seu progresso é mapeado ano a ano e curso a curso. No entanto, como saber qual é o momento de mudar de emprego ou quais passos dar para transformar uma sequência de empregos em uma carreira?

Muitas pessoas conseguem se virar nessas situações. Elas cometem erros e – espera-se – aprendem com eles. Elas impressionam alguns colegas e transformam outros em inimigos. E, quando olham em retrospecto para os anos de trabalho, podem contar uma história sobre os fatores que, segundo acreditam, as levaram ao sucesso.

Algumas dessas pessoas até escrevem livros sobre como ser bem-sucedido no trabalho e se tornar um líder. Elas elevam sua filosofia de carreira à categoria de conselhos que todos deveriam seguir. Infelizmente, é difícil separar as escolhas verdadeiramente cruciais que as pessoas fazem de outros inúmeros fatores (que às vezes chamamos de sorte ou acaso) que afetam seus caminhos. Seria bem melhor extrair um conselho observando as experiências de muitas pessoas.

É aqui que entra a ciência cognitiva, ou seja, o estudo da mente e do cérebro. A ciência cognitiva inclui a psicologia, a neurociência, a antropologia, a ciência da computação e a filosofia. Como uma área ativa de pesquisa, ela tem muito a dizer sobre como as pessoas pensam, sentem e agem, e isso apresenta implicações práticas para o modo como você deveria levar a vida, sobretudo no trabalho.

Essa pesquisa diz muito sobre como encontrar motivação para terminar um projeto, como aprender novas habilidades necessárias para determinada função e como lidar com colegas, clientes e consumidores. Ela pode explicar por que você trabalha de uma maneira específica. Também pode sugerir estratégias para evitar becos sem saída no trabalho e se recuperar rapidamente dos erros.

Então, vamos lá.

Como extrair o máximo de sua carreira

Um grande problema da palavra "sucesso" é que ela é um substantivo.

Quando você diz que alguém é um sucesso, você coloca essa pessoa na categoria das pessoas bem-sucedidas. Os psicólogos descobriram que, ao classificar alguém desse modo, você supõe que essa pessoa tenha alguma *especificidade* que a faz pertencer a tal categoria. Isso pode fazer sentido para algumas categorias, como a dos animais. É razoável supor que um animal é um gato se tiver alguma especificidade de gato – DNA felino, por exemplo. Isso faz menos sentido quando aplicado a pessoas, mas ainda agimos assim. Nós presumimos que Fran seja uma pintora não só porque ela pinta, mas também porque tem alguma característica forte que a faz se encaixar nessa categoria. Jesse é ansioso porque tem algum traço que o transforma em uma pessoa ansiosa.

Da mesma forma, quando pensamos em alguém como um sucesso, supomos que essa pessoa tem uma característica essencial que a torna bem-sucedida. Você talvez se preocupe por não ter essa característica e, assim, por não conseguir se sobressair.

No entanto, se você deixar de lado o substantivo e pensar em termos de um verbo – *atingir* o sucesso –, tudo muda.

A função principal dos verbos é se referir a ações. O sucesso é uma série de ações que culminam nos resultados desejados. Isso exige esforço contínuo. Envolve aperfeiçoamento, auxiliando a transição de uma posição para outra no decorrer de uma carreira. O sucesso exige a motivação para se destacar ao longo de um período. O mesmo vale para outras categorias, como *líder* e *inovador*. Existem características que ajudam uma pessoa a ser bem-sucedida, a liderar ou a inovar, mas é o processo de trabalhar, mais que as características do indivíduo, que cria os resultados mais almejados.

A ideia de que você precisa se esforçar para desenvolver uma carreira não é nova. Dito isso, muitas pessoas se esforçam nas atividades erradas. Elas se preocupam com coisas que estão fora de seu controle e deixam de agir sobre as coisas que podem influenciar. Elas negligenciam tarefas cruciais que levam a bons resultados.

O objetivo deste livro é ajudar você a desenvolver sua carreira usando a ciência cognitiva. Para fazer isso de maneira eficaz, são necessárias duas coisas. Em primeiro lugar, compreender as três fases que definem o caminho de uma carreira: conseguir um emprego, destacar-se e seguir em frente. Em segundo lugar, conhecer os três sistemas cerebrais que o ajudarão a atingir suas metas: o motivacional, o social e o cognitivo.

O ciclo da carreira

O que é exatamente uma carreira? Se você perguntar a várias pessoas, perceberá que há uma espécie de consenso em torno do assunto. Carreiras são maiores que empregos específicos. Elas envolvem a construção de um conjunto de habilidades que tornam você capaz de contribuir para uma organização, um setor ou um campo. Nem todos os empregos que uma pessoa tem fazem parte da carreira dela. Um estudante de medicina que trabalha como auxiliar de cozinha durante a faculdade não está desenvolvendo, com essa função, uma carreira. Um chef iniciante que passa três anos como auxiliar de cozinha tem um emprego similar, mas está desenvolvendo experiência relativa a sua carreira.

Embora as pessoas muitas vezes possam identificar o fio condutor de suas carreiras, na verdade é bastante difícil definir exatamente o que uma carreira requer. O Bureau of Labor Statistics [Departamento de Estatísticas do Trabalho dos Estados Unidos] acompanha o número de empregos que as pessoas têm no decorrer da vida, mas não o número de carreiras.

Parte do problema na definição da carreira é que muitas vezes ela só fica clara quando você olha em retrospecto a sua trajetória. Enquanto está avançando, vivendo, a mudança de carreira pode não ser óbvia.

Por exemplo, depois de me formar em psicologia na Universidade de Illinois, fui membro do corpo docente da Universidade Northwestern, da Universidade Columbia e, por fim, da Universidade do Texas, onde estou atualmente. Dessa perspectiva, pode parecer que tive três empregos, mas uma só carreira – como professor universitário.

Entretanto, existem outras maneiras de olhar a mesma situação. Desde o início da faculdade até mais ou menos meu décimo ano na Universidade do Texas, meu foco era fazer pesquisas básicas para publicação em periódicos acadêmicos. A partir do décimo ano, comecei a relacionar a pesquisa da área a um público mais amplo, por meio de blogs, livros (como este) e um programa de rádio chamado *Two Guys on Your Head* [Dois caras na sua cabeça]. Também entrei em contato com empresas que queriam saber mais sobre ciência cognitiva para usá-la nos negócios e comecei a prestar consultoria para elas. Então, essa é uma segunda carreira ou é parte da primeira? A comunicação externa e a consultoria fazem parte do mesmo aspecto da minha carreira ou são coisas distintas?

Para complicar um pouco mais, no décimo segundo ano na UT, tornei-me diretor do programa de Dimensões Humanas das Organizações, que ensina estudantes de graduação e de mestrado sobre as pessoas no local de trabalho. Esse papel administrativo faz parte de minha carreira de ensino? Faz parte da carreira de comunicação e consultoria? É separado das duas? Todos esses aspectos parecem integrar a trajetória de minha carreira – muito mais do que o tempo que passei como saxofonista em uma banda de ska. Por exemplo, sem a dedicação à consultoria, eu teria tido dificuldade para dirigir um programa de mestrado voltado a profissionais do mercado.

Por saber o quanto é difícil definir uma carreira, neste livro vou me concentrar sobretudo em empregos e cargos, embora no Capítulo 10 eu retome a ideia de gerenciar uma carreira, em vez de apenas pensar em empregos específicos.

Já um *emprego* é um pouco mais fácil de definir. O Bureau of Labor Statistics o considera um período ininterrupto de trabalho para um empregador. Um *cargo* é a função que alguém assume para um empregador. Uma pessoa pode ter vários cargos em uma organização no decorrer dos anos, mas o período de trabalho para o mesmo empregador consiste em um emprego.

Uma pesquisa do mesmo Bureau of Labor Statistics publicada em 2015 examinou um subconjunto de pessoas nascidas entre 1957 e 1964. Essas pessoas tiveram, em média, 11,7 empregos entre os 18 e os 48 anos. Isso significa que as pessoas entrevistadas mudaram de emprego, em média, a cada dois ou três anos nos primeiros trinta anos em que trabalharam. É bastante movimento. E essa tendência está se acelerando.

O ciclo empregatício tem três fases: procurar um emprego, trabalhar no emprego e mudar de emprego. Essas fases nem sempre estão completamente separadas. Você pode procurar outra vaga (na mesma empresa ou em outra) enquanto trabalha. Pode estudar para uma mudança de carreira sem sair do emprego atual. Ao mesmo tempo, elas são separadas o bastante para valer a pena tratá-las de modo independente.

A maioria das pessoas reconhece as três fases do ciclo do emprego, mas pode não estar familiarizada com os aspectos específicos delas. Pergunte a si mesmo quais dos itens a seguir você já conhece com certeza.

- O processo que os recrutadores usam para avaliar os candidatos.
- A melhor maneira de comunicar, em uma entrevista de emprego, o que você não sabe.
- O que você aprende a respeito de um empregador em potencial em uma entrevista.
- Como se recuperar de um grande erro no trabalho.
- Como lidar com um supervisor que não parece preocupado com o que é melhor para você.

- O motivo pelo qual seu local de trabalho é estressante e o que fazer a respeito disso.
- Se você deve comparar seu desempenho com o de seus colegas.
- Como lidar com uma situação em que você se torna supervisor de seus amigos.
- O que causa insatisfação em seu emprego.
- O que contar a seu empregador atual sobre se candidatar a um novo emprego.
- Quando é a hora de pensar em voltar a estudar.

Um item dessa lista surgiu em uma conversa que tive com uma participante de um de meus seminários. Ela trabalhava havia vários anos em uma empresa de tecnologia de porte médio que buscava um ambiente de trabalho amigável. Entrou para a empresa com outras oito pessoas, mais ou menos da mesma idade, e, ao longo de muitas horas de trabalho e em happy hours depois do expediente, o grupo estabeleceu um vínculo de amizade. Quando a conheci, ela estava em processo de ser promovida a supervisora.

Depois da promoção, alguns amigos dela seriam seus subordinados diretos, e ela estava sem saber o que fazer com as implicações disso. No happy hour, os amigos muitas vezes reclamavam dos gerentes. Agora ela estava prestes a deixar de ser uma de "nós" para ser uma "deles". Parte do estresse era óbvia: ela se preocupava com a possibilidade de ter de avaliar um amigo de forma negativa. Contudo – o que não era tão óbvio –, ela não conseguia decidir se ainda devia frequentar happy hours com a turma.

Como esse exemplo demonstra, as situações específicas que você enfrenta no trabalho acarretam todos os tipos de questões difíceis de prever e para as quais é complicado se preparar. Existem, porém, muitos estudos para ajudá-lo a administrar cargos, empregos e seu ciclo de carreira como um todo.

Para isso, primeiro você deve entender seu próprio cérebro.

Seu(s) cérebro(s)

O ex-presidente americano George H. W. Bush chamou os anos de 1990 a 1999 de "a década do cérebro" para motivar o investimento contínuo no entendimento desse maravilhoso órgão. E, desde então, o fascínio em relação ao cérebro humano só aumentou. Existem evidências de que as pessoas acreditam mais em descobertas da psicologia quando a pesquisa inclui alguma discussão de como o cérebro chegou a esses resultados. Mais recentemente, usar o prefixo "neuro-" se tornou uma forma de gerar empolgação sobre um campo (ou pelo menos incentivar o interesse do mercado). Agora existem especialistas em neuroeconomia e em neuromarketing, por exemplo.

Eu confesso que aproveitei esse interesse no modo como escrevi este livro. Meu campo de especialidade é a ciência cognitiva – o campo interdisciplinar que mencionei no início do capítulo. A maior parte de minha pesquisa usa métodos da psicologia, embora, ao longo de minha carreira, eu tenha me aventurado em muitas outras disciplinas da ciência cognitiva, inclusive a neurociência.

Dito isso, a maior parte do que vou apresentar vem do campo da psicologia. Muitas vezes, quando usamos a linguagem da psicologia e tratamos de conceitos como memória, atenção, motivação e linguagem, estamos falando da *mente*. Esses conceitos são implementados pelo cérebro humano do mesmo modo que os conceitos de programação subjacentes aos processadores de texto e aos navegadores de internet são implementados pelo equipamento que você usa.

Em algumas ocasiões, vou mergulhar até o nível da neurociência para falar sobre determinada característica crucial do cérebro que seja importante para entender a mente. Mas, sobre a função cerebral, a ciência aprendeu pouca coisa que possa sugerir modos diferentes de abordar aspectos complexos do pensamento, como entender de que forma trabalhar com mais eficiência ou como vender produtos. Alguém que tente convencer você do contrário está, na verdade, vendendo psicologia, disfarçando-a com uma linguagem considerada mais "científica".

Neste livro, concentro-me em três sistemas mentais que são cruciais para o sucesso no trabalho: o cérebro *motivacional*, o cérebro *social* e o cérebro *cognitivo*. Uso esses termos de modo pouco preciso, pois não temos três cérebros separados. Na verdade, as partes do cérebro que têm funções motivacionais, sociais e cognitivas estão psicologicamente entrelaçadas. Contudo, esses aspectos do funcionamento da mente e do cérebro são muitas vezes estudados de modo independente e explicados com teorias diferentes. Então, acho que vale a pena usar nomes distintos. E, ao tratá-los separadamente, posso ajudar você a entender como aplicar as sugestões deste livro no trabalho.

O cérebro motivacional é o conjunto de mecanismos que o leva a fazer algo (ou, às vezes, que evita que você faça algo). As principais regiões do cérebro que fazem parte do cérebro motivacional são muito antigas do ponto de vista da evolução. São áreas também encontradas no cérebro de ratos, camundongos e veados – criaturas das quais o ramo evolucionário humano se separou há muito tempo. Saber o que motiva você, seus colegas e seus supervisores é importante para administrar seu próprio trabalho e para entender as fontes de estresse e satisfação nas tarefas desempenhadas.

O cérebro social é o conjunto de sistemas que o ajudam a lidar com as outras pessoas. Boa parte de sua formação universitária é feita de maneira individual, mas o trabalho na maioria das vezes é uma modalidade de equipe. Você precisa reconhecer como as pessoas vão avaliá-lo. Precisa se esforçar para fazer com que os grupos trabalhem juntos a fim de atingir metas coletivas. Precisa fazer um bom trabalho ao prever como as outras pessoas vão reagir, a fim de atingir suas metas e de ajudá-las a atingir as delas. O cérebro humano evoluiu para ajudar você a trabalhar com os outros. Afinal de contas, os seres humanos dominam o planeta por causa da capacidade de coordenar atividades, não por causa das espantosas proezas físicas. Aquela participante de meu seminário precisava justamente do cérebro social para lidar com o fato de se tornar supervisora. Vou voltar à história dela no Capítulo 8.

Já o cérebro cognitivo é o conjunto de estruturas que permitem que você se comunique, faça excelentes julgamentos de imediato com base em sua experiência e se envolva em raciocínios complexos. Você provavelmente já ouviu o clichê de que nos negócios não importa o que você sabe, importa quem você conhece. Quem você conhece de fato importa bastante. No entanto, se você não sabe muito, as pessoas provavelmente o considerarão incompetente. Talvez seja melhor dizer que o que você sabe e quem você conhece lhe permitem obter sucesso.

Ao longo deste livro, vou apresentar muitos detalhes sobre o(s) cérebro(s). Algumas vezes, chamarei esses cérebros pelo nome, outras vezes não. O mais importante é que você tem de usar fatores motivacionais, sociais e cognitivos para ser bem-sucedido no decorrer de sua carreira. Quanto mais aprender sobre o modo como pensa, mais fácil será trabalhar de uma forma que se encaixe naturalmente no modo como seu cérebro quer funcionar.

CÉREBRO BÔNUS

O cérebro de jazz

Outra faceta admirável dos seres humanos é a capacidade de improvisar. As pessoas são muito boas em lidar com situações novas e em rever um plano de repente. Para fazer isso bem, no entanto, é importante entender os principais elementos do improviso. Em vários capítulos, apresento em quadros esse tipo informação sobre como improvisar. Preciso deixar claro logo de início que nasci uma ou duas gerações depois do que deveria. Em vez da new wave dos anos 1980 e do pop com sintetizador que dominava a cena musical em minha infância, sempre me senti atraído pelo jazz – e até comecei a tocar saxofone aos 30 anos para saber mais sobre música. Nunca imaginei que esse hobby alimentaria minha vida profissional. ▶

A boa improvisação requer conhecimento. É natural supor que pessoas com muita experiência ficam aprisionadas por ela e não conseguem ver as situações de uma forma nova. Isso sem dúvida pode acontecer. Mas a falta de disposição para considerar novas oportunidades ou novas maneiras de fazer as coisas não resulta da experiência.

Na verdade, os indivíduos mais flexíveis são aqueles com considerável conhecimento em determinada área. Os especialistas têm mais condições de lembrar coisas do passado que podem ser úteis para se adaptar a novas circunstâncias. Eles também conseguem prever o resultado de um curso de ação específico, então avaliam bem se uma ação tem chance de ser bem-sucedida.

Por essa razão, é importante se expor a muitas situações diferentes no ambiente de trabalho. Pode ser desconfortável fazer algo pouco familiar, e na primeira tentativa talvez você cometa muitos erros. Quanto mais ampla a gama de coisas que fez, porém, mais flexível conseguirá ser no trabalho.

O plano

Esta obra une pesquisas sobre o cérebro com os tipos de situação que ocorrem nos três estágios do ciclo do emprego. Conseguir um emprego, tornar-se bom nele e seguir para um novo emprego envolvem os cérebros motivacional, social e cognitivo.

Se você está lendo este livro, é alta a probabilidade de que esteja preocupado com um dos três estágios do ciclo do emprego. Se for assim, fique à vontade para começar a ler a seção mais pertinente a seus objetivos atuais. As seções e os capítulos foram escritos para funcionarem da forma mais independente possível. Também indico capítulos anteriores e posteriores com material relacionado, caso você tenha começado pelo meio. Assim, talvez você encontre informações úteis para você agora em uma seção que se concentra em outro estágio da carreira.

Você também pode estar se perguntando se este livro realmente é para você. Se acabou de entrar no mundo do trabalho, muito do que discuto aqui provavelmente não lhe será familiar. Se está no meio da carreira, talvez tenha desenvolvido ideias sobre como administrar sua vida profissional sem pensar a respeito da psicologia subjacente a ela. E, se já estiver estabelecido na carreira, pode ser que prefira se concentrar primeiro na segunda parte e explorar maneiras de melhorar seu desempenho no trabalho. Por fim, mesmo que não esteja ativamente procurando emprego nem pensando em mudar de cargo, é provável que tenha de aconselhar colegas, amigos e aprendizes que se encontram nessa situação. Este livro lhe dará o vocabulário ideal para falar com outras pessoas sobre como administrar a vida profissional.

Desde já, é importante que saiba que tudo isso vai exigir algum esforço de sua parte. Você passou anos na escola desenvolvendo o conhecimento que o ajudou a conseguir seu primeiro emprego. Agora terá de dedicar algum tempo a otimizar seus cérebros motivacional, social e cognitivo para desenvolver sua carreira. Um dia talvez seja possível fazer um upload de todas essas habilidades do modo como Neo aprendeu kung-fu no filme *Matrix*.

Por enquanto, porém, meu objetivo é ajudá-lo a entender o funcionamento de seu cérebro (e do cérebro de colegas, clientes e consumidores). Quero que você tenha conhecimento suficiente para tomar decisões eficazes sobre situações complicadas de trabalho. Vou ilustrar esses princípios com histórias extraídas de entrevistas e de contatos em mídias sociais. Não existe uma resposta única para problemas complicados. Quanto melhor você fizer seu cérebro funcionar, mais opções terá para resolver dilemas.

Todas as recomendações deste livro se baseiam em estudos e conclusões extraídos de publicações da psicologia. Às vezes, cito um pesquisador ou um estudo específico. Outras vezes, para manter a fluidez do texto, não apresento muitas informações. Porém, as fontes estão listadas ao fim do livro, separadas por capítulo.

Também tento ilustrar os pontos principais com narrativas sobre pessoas em diferentes estágios da carreira. A menos que haja uma observação específica, essas histórias chegaram a mim pelas redes sociais, vindas de pessoas que deram informações sobre suas experiências em uma das muitas enquetes que fiz enquanto escrevia este livro. Essas pessoas estão identificadas apenas pelo primeiro nome, e alguns detalhes foram omitidos para proteger a identidade delas.

Cada capítulo termina com duas listas. Uma está voltada aos principais conceitos de ciência cognitiva no capítulo, e a outra apresenta dicas específicas. Você pode usar essas seções para encontrar tópicos que deseja rever.

Voltando à história de abertura: meu filho voltou para sua mesa e passou um tempo pensando sobre o que fizera o colega gritar com ele. Depois, foi falar com o chefe e explicou a situação. Ele se desculpou pelo que tinha contado ao cliente e deu sua melhor ideia do que poderia ter feito de modo diferente. Então, pediu um conselho ao chefe sobre como lidar com a situação caso acontecesse novamente.

Foi a coisa certa a fazer?

Continue lendo.

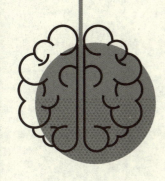

PARTE I
Como conseguir um emprego

2

Encontre oportunidades que você pode valorizar

Gosto muito da Universidade do Texas, por diversos motivos. É uma instituição excelente e cuidadosa com o professor. Os alunos de graduação e de pós-graduação são ótimos. As instalações são de primeira linha. A escola estimula um ambiente de trabalho saudável.

Ao mesmo tempo, há uma coisa lá que me incomoda. Em geral, aconselhamos os alunos a escolher uma área principal de estudo antes de iniciarem as aulas. Alguns hesitam e escolhem uma área logo depois do início do ano letivo, mas, quanto mais demoram, mais difícil é se formar em quatro anos. É especialmente difícil no caso de um estudante que deseja ser transferido de uma unidade para outra dentro da universidade – por exemplo, de ciências humanas para ciências naturais ou de comunicações para administração.

O problema é que, aos 18 anos, a maioria das pessoas não tem ideia do que quer fazer da vida. Crianças de 5 anos querem ser astronautas, bailarinos, pilotos de carro de corrida e chefs de cozinha. A imaginação dos jovens de 18 anos é limitada por aquilo a que foram expostos até então. Eles conhecem os empregos dos pais e de outros adultos próximos. Sua educação formal normalmente se concentrou em uma estreita faixa de assuntos. Minha própria experiência foi assim. Quando eu estava no último ano do ensino médio, uma orientadora vocacional recomendou que eu cursasse contabilidade. Tenho certeza de que isso refletia mais o fato de meu pai ser contador que o fato de eu ter qualquer interesse específico no assunto.

Acho que é importante que os estudantes passem algum tempo explorando uma gama de tópicos para que tenham uma ideia de quais assuntos lhes interessam. Não há uma boa razão para se prender aos interesses que você tem aos 18 anos (ou aos 25 ou aos 40). O mundo do trabalho está em constante mudança. Novas oportunidades de emprego e novos caminhos de carreira se abrem o tempo todo por causa da tecnologia. Além disso, as mudanças no mercado de trabalho tornaram obsoletas algumas funções.

Mesmo as pessoas que trabalham há muitos anos podem se descobrir prontas para uma mudança significativa. No Capítulo 9, falo sobre os sinais dessa necessidade de mudança. Depois de tomar essa decisão, porém, o processo de encontrar um novo emprego é bastante similar ao que você teria de fazer se estivesse começando. E muitas das questões são as mesmas.

Será que você deve ir em busca de sua paixão?

Uma das frases mais usadas com estudantes universitários e pessoas em busca de emprego é "Vá em busca daquilo de que você realmente gosta". O conselho tem boa intenção. Pessoas empolgadas com a própria carreira vão trabalhar muitas horas e superar obstáculos para atingir um objetivo. Elas sentem satisfação em relação ao trabalho e são mais resilientes diante de adversidades. Assim, a suposição é de que, quando encontram algo por que são apaixonadas, isso naturalmente leva a tal comprometimento.

Antes de avaliar essa ideia, vamos examinar o cérebro motivacional. De onde vem a paixão?

Seus sentimentos emergem do cérebro motivacional. Muitos de seus circuitos envolvem os gânglios basais, que são estruturas profundas no órgão. Como mencionei no Capítulo 1, essas estruturas são semelhantes às de outros animais, como ratos, camundongos e veados. O cérebro humano difere do cérebro desses outros bichos no tamanho do córtex – a superfície externa.

As regiões profundas do cérebro não têm conexões extensas com as áreas do córtex que controlam o cérebro social e o cognitivo. Em consequência, as pessoas têm pouca capacidade de introspecção sobre o que impulsiona seu sistema motivacional. Em vez disso, o cérebro motivacional se comunica com o cérebro cognitivo e com o social principalmente por meio de sentimentos.

Os sentimentos que você tem (e que os psicólogos chamam de *afetos*) são, na verdade, muito simples. Quando está avançando na direção de suas metas, você se sente bem. Quando não está, acaba ficando mal. Quanto mais envolvido estiver com o objetivo que o sistema motivacional busca, mais fortes serão seus sentimentos.

Esses sentimentos se transformam em emoções quando você reflete sobre eles. Você não percebe conscientemente quais fatores impulsionam seu sistema motivacional a produzir o afeto. Você só sente uma emoção específica depois de dar sua própria interpretação a esses sentimentos.

A paixão surge de sentimentos positivos intensos. Quando acredita que o objeto desses sentimentos é seu emprego, seu trabalho – quando está profundamente envolvido com aquilo que faz e acredita progredir na direção de suas metas –, você sente empolgação, alegria, satisfação e paixão por seu trabalho.

O que sabemos sobre os fatores que levam as pessoas ao tipo de envolvimento motivacional que chamamos de paixão?

Muitas coisas podem fazer com que você seja feliz no trabalho, e elas serão citadas neste livro. Por enquanto, vou me concentrar na paixão. O que deixa as pessoas realmente empolgadas com o trabalho que fazem?

Várias pesquisas fornecem evidências da importância de ver o trabalho não só como um emprego, mas como um *chamado* ou uma *vocação*. Bryan Dik e Ryan Duffy sugerem que uma vocação envolve se concentrar em qualquer tarefa (trabalhar, ter um filho, fazer uma ação social) como algo que dá significado ou propósito à vida, sobretudo se a meta é ajudar os outros mais que a si mesmo. Jane Dawson reformula o uso da palavra "vocação" para se referir a trabalho e afirma que o sociólogo alemão Max Weber achava que seria benéfico as pessoas verem seu trabalho como algo ligado a um serviço altruísta. Pesquisas contemporâneas sugerem que as pessoas que veem o que fazem como um chamado se comprometem mais intensamente com o trabalho do que aquelas que o veem apenas como um emprego ou como um meio de ganhar a vida.

Você pode pensar que ver o trabalho como um chamado exige desempenhar tarefas que pareçam de fato importantes – talvez ache que alguém separando pacotes no correio ou limpando banheiros provavelmente não conseguirá imbuir essas tarefas de significado, enquanto alguém que lidera uma empresa, pesquisa a cura para uma doença ou salva animais em um abrigo deve ter facilidade em ver seu trabalho como significativo.

Na verdade, as pessoas têm uma capacidade admirável para definir o que estão fazendo de diversas formas. Conta-se que o então presidente americano John F. Kennedy, em uma visita ao cabo Canaveral, teria perguntado a um funcionário da manutenção: "O que você está fazendo aqui?". O homem respondeu: "Estou enviando um homem à Lua". Embora essa história provavelmente seja apócrifa, as pessoas muitas vezes veem com clareza que as tarefas específicas que realizam estão a serviço de uma missão mais ampla – mesmo quando as tarefas não parecem tão relevante.

É claro que, quanto mais diretamente seu trabalho parecer conectado a um resultado social mais amplo, mais fácil será vê-lo como significativo. E acreditar na missão da organização para a qual você trabalha amplia a sensação de importância. Por exemplo, tive a oportunidade de falar com membros da equipe do Hospice Austin, organização que oferece cuidados paliativos a pacientes com doenças terminais. Independentemente do papel que desempenham na organização – gerente, assistente social ou cuidador –, todos sentem que fazem algo de imensa importância. O trabalho pode ser difícil, e muitas vezes as pessoas precisam de um intervalo por causa da carga emocional, mas todos reconhecem contribuir com algo importante para a comunidade.

Dito isso, há grandes diferenças naquilo que as pessoas consideram importante. Encontrei funcionários da Procter & Gamble que estavam empolgados com seu trabalho com papel higiênico, e outros na mesma empresa tinham dificuldade de gerar entusiasmo pela próxima inovação em creme dental. Encontrei pessoas que pulavam da cama todos os dias ansiosas com a possibilidade de conseguir novas contas em marketing *business-to-business*, e outras que viam a influência de seu trabalho sobre o comportamento dos consumidores com profundo cinismo. Adoro o que faço na universidade, mas tive colegas que, no decorrer dos anos, se esgotaram e se afastaram.

Então, de onde vem a paixão pelo trabalho?

Existem duas possibilidades. Uma é que todo mundo tem um conjunto de interesses relativamente fixo e que a reação inicial de uma pessoa a um emprego é um bom indicador do amor dela pelo trabalho no longo prazo. Uma segunda possibilidade é que as pessoas podem aprender a gostar de quase qualquer trabalho.

O conselho para encontrar sua paixão presume claramente a primeira dessas possibilidades. Ou você ama alguma coisa ou não ama; então, se não estiver empolgado com o trabalho que faz, precisa pensar seriamente em mudar de emprego.

A realidade é mais complicada. A pesquisa de Patricia Chen, Phoebe Ellsworth e Norbert Schwarz descobriu que algumas pessoas acreditam que suas paixões são fixas. Como resultado, julgam depressa se gostam ou não de uma profissão específica. E tendem a sair rapidamente dos cargos e a trocar de emprego muitas vezes no início da carreira, até encontrar alguma coisa de que realmente gostem. Outras pessoas acreditam que podem aprender a gostar de quase qualquer carreira. Essas pessoas ficam mais tempo no primeiro emprego. O interessante é que os dois tipos de pessoas ficam igualmente felizes com a carreira no longo prazo.

O que isso significa para você?

Muito depende de sua disposição para aprender a gostar do trabalho que está fazendo e quanta tolerância tem para mudar de emprego. Parece que as pessoas podem aprender a gostar de quase qualquer trajetória profissional se estiverem abertas a isso. No entanto, se estiver disposto a mudar de emprego e recomeçar algumas vezes, você pode encontrar um caminho que seja mais um amor à primeira vista que um gosto adquirido.

Certa vez, conversei sobre isso com Pete Foley, que passou muitos anos trabalhando na Procter & Gamble. Ele comentou que a maioria dos empregos é multifacetada, então você pode "fazê-los evoluir para algo de que gosta, pelo menos na maior parte do tempo [...] Bem poucos empregos permanecem estáticos, então [você pode] direcionar ativamente seu cargo para algo que lhe proporcione prazer". O principal insight aqui é que as tarefas que caracterizam seu trabalho de início não precisam ser as que definem seu emprego no longo prazo. Se você acredita na missão da organização em que trabalha, muitas vezes é possível encontrar maneiras de atingir essa missão por meio de aspectos específicos de seu trabalho que também lhe tragam satisfação.

Essa ideia da origem da paixão é importante porque as pessoas com frequência têm escolhas de emprego restritas por fatores que estão além de seu controle. Conheci gente que se mudou junto com o parceiro e precisou encontrar um emprego em sua área de atuação na nova cidade. Conheci pessoas que tiveram de trabalhar em horas específicas do dia para poder cuidar de um parente doente. Em casos como esses, é fácil se frustrar com as perspectivas de emprego. Quando se tem a liberdade de assumir um emprego em qualquer lugar, você pode seguir sua paixão aonde quer que ela o leve. Se outros fatores o limitam, o emprego que você aceita pode não ser aquele com que sonhou.

Se estiver sujeito a essas limitações, você pode se ressentir das pessoas ou das circunstâncias que o impediram de seguir a perspectiva de um emprego empolgante. É fácil se sentir aprisionado por essas situações. Um modo de assumir o controle sobre tais circunstâncias, porém, é decidir como deseja reagir ao emprego que aceitar. Se decidir se concentrar nas maneiras como o emprego pode ajudar a sociedade de modo mais amplo e em como o impacto do emprego é maior que as tarefas a ser cumpridas, você pode dar um passo na direção de ver esse emprego como um chamado.

Conjuntos de consideração e valores

Em geral, encontrar um emprego não é como comprar um liquidificador. Se descobrir que precisa de um liquidificador, como aconteceu comigo em uma manhã de domingo há alguns anos, você só precisa entrar no carro, ir a uma loja de utilidades domésticas (às vezes com um folheto que anuncia um desconto de 20%) e parar na seção certa para encontrar aquele modelo perfeito para suas necessidades a um preço razoável. O leque de liquidificadores disponíveis (o que os cientistas de decisão chamam de "conjunto de consideração") é determinado pela loja a que escolheu ir.

Em algumas profissões, os empregos são assim. Antes de conseguir meu primeiro emprego na universidade, consultei dois periódicos – o *APA Monitor* e o *APS Observer*. Todos os departamentos de psicologia dos Estados Unidos publicam vagas de outono em uma dessas publicações (ou ambas), que são mantidas pelas duas principais sociedades profissionais de psicólogos. Ao procurar um emprego como professor assistente, você lê os anúncios e envia os materiais solicitados para se candidatar a cada possível vaga, na esperança de conseguir uma entrevista.

Na maioria das vezes, porém, o processo de escolher seu conjunto de consideração não é assim. Em geral, você precisa resolver muitos problemas. É aí que entra o cérebro cognitivo.

O primeiro problema a ser resolvido é decidir a quais empregos se candidatar. Isso exige que você tenha clareza quanto aos valores que considera mais importantes. Alinhar seu emprego com seus valores é importante porque, embora seja possível aprender a gostar das funções específicas em um emprego, é difícil se manter motivado quando a missão da organização não corresponde ao que você preza.

Demora um pouco para algumas pessoas descobrirem quais são seus principais valores. Você desenvolve valores a partir da cultura em que está inserido, a partir de suas experiências e, também, ao passar algum tempo refletindo sobre o que deseja. Você internaliza valores culturais a partir de conversas com outras pessoas, de representações de carreiras na mídia e de sua formação. O ensino médio dá muita ênfase à universidade. Os cursos universitários enfatizam caminhos de carreiras específicos e promovem valores relacionados a eles.

Ao mesmo tempo, pode-se dedicar um tempo para determinar quais são seus valores e, depois, procurar empregos que combinem com eles. Ao longo do caminho, você vai reconhecer que o curso escolhido na universidade o ajudou a refinar as habilidades de solução de problemas e de comunicação muito além do conteúdo que definia a disciplina estudada.

Por exemplo, Bryan saiu da faculdade e se concentrou em cargos que ele acreditava que impressionariam parentes, amigos e colegas de trabalho. Ele também se concentrou em carreiras que pagam bem. Depois de aceitar o primeiro emprego, descobriu que o trabalho cotidiano era tedioso e, aos 25 anos, se alistou no Corpo de Paz, o que lhe deu uma perspectiva mais global. Com essa experiência, ele percebeu que sua satisfação viria não das aparências de um emprego, mas de ajudar as pessoas a desenvolverem o próprio potencial.

Outro exemplo: Jason foi profundamente afetado pela perda do irmão. Essa tragédia o obrigou a pensar sobre o que desejava da vida e a se perguntar: "Se [eu] morresse hoje ou daqui a duas semanas, ficaria feliz com o que realizei?". Ele passou por vários empregos até entender como poderia ajudar mais as outras pessoas; por fim, concentrou-se em uma carreira em marketing para encontrar maneiras de influenciar as pessoas a adotarem comportamentos que já sabiam que seriam bons para elas.

As histórias sobre a busca de valores têm alguns pontos em comum. Em primeiro lugar, muitas vezes as pessoas não têm consciência dos valores que adotaram da cultura que as rodeia até observarem um desencontro entre as ações que realizaram e suas reações. Bryan procurou empregos voltados a valores que tinha adotado da cultura mais ampla – poder e realização – e, depois (para sua surpresa), descobriu que não gostava do trabalho. Isso o levou a questionar se realmente entendia seus próprios valores, o que, no fim, o levou ao Corpo de Paz, onde seguiu os valores de benevolência e universalismo. Na próxima seção, vou falar mais sobre os tipos de valores.

Em segundo lugar, muitas pessoas reveem seus valores centrais depois de uma experiência extrema, como a morte de um ente querido. Jason usou a morte do irmão para se envolver com uma viagem mental no tempo. Ele se projetou até o fim da vida, se imaginou olhando para trás e refletiu se ficaria feliz com o que tinha realizado. Essa resposta combina com o trabalho de Tom Gilovich e Victoria Medvec, que descobriram que adultos mais velhos tendem a se arrepender das coisas que não fizeram porque não terão a oportunidade de se envolver nessas atividades. Quando você se imagina no fim da vida, a tendência é se concentrar nas coisas que ainda não realizou.

Mesmo sem um acontecimento que o faça lembrar sua mortalidade, é útil pensar a respeito do que pode se arrepender de não ter feito. Uma vez por ano, mais ou menos, pergunte a si mesmo se existe algo que gostaria de ter feito e em que ainda não fez avanços. Se a resposta for sim, pode valer a pena dedicar tempo a isso. Quando seus arrependimentos potenciais incluem objetivos de carreira, pense sobre as maneiras de realinhar sua trajetória profissional.

Em terceiro lugar, existe uma tendência de os valores das pessoas mudarem em decorrência de crenças e dependendo do estágio da vida. Por exemplo, um membro de minha comunidade foi um advogado bem-sucedido por décadas. Logo no início, ele se concentrou em progredir e chegou a se tornar sócio de um escritório. Quando os filhos eram pequenos, ele deu menos importância ao trabalho para ajudar a criar a família, sobretudo quando a esposa teve alguns problemas de saúde. Depois que os filhos cresceram, ele se comprometeu de novo com o direito por algum tempo. Porém, perto de se aposentar, decidiu deixar a advocacia e criar uma organização sem fins lucrativos. Os filhos já estavam crescidos, ele já tinha casa própria e, então, decidiu concentrar suas energias em ajudar a comunidade. Cada uma dessas decisões sobre gerenciar a carreira refletiu nos valores que eram centrais na vida dele. Vou retomar a questão da mudança nos valores no Capítulo 9.

Explorando seus valores

Valores são motivações gerais que guiam as ações das pessoas no longo prazo. Isto é, o cérebro motivacional está no cerne de seus valores. Esses valores são políticas abstratas de longo prazo, embora as pessoas possam mudar os delas com o tempo. Shalon Schwartz dedicou sua carreira de pesquisador a explorar o conjunto abrangente de valores existentes. A pesquisa dele sugere que a cultura a que as pessoas pertencem influencia muito os valores que elas adotam. Culturas diferentes promovem valores diferentes. A Figura 2.1 mostra a variedade de valores que emergiu do trabalho de Schwartz. A estrutura resultante sugere que existem dez valores universais.

FIGURA 2.1 Dez valores universais

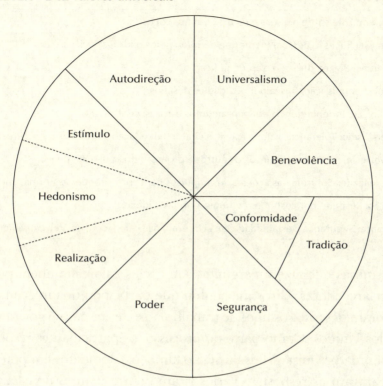

Fonte: Republicada com permissão da Sage Publications, extraída de Anat Bardi e Shalom Schwartz, "Values and Behaviors: Strengths and Structure of Relations", *Personality and Social Psychology Bulletin* 29, n. 10, 2003; permissão concedida pelo Copyright Clearance Center, Inc.

Nesse diagrama, os valores vizinhos são semelhantes, enquanto os que estão do lado oposto da roda são contraditórios. O poder e a realização, que Bryan adotou a princípio, são similares, assim como universalismo e benevolência — quase do outro lado do círculo —, para os quais ele mudou depois de se alistar no Corpo de Paz. A Tabela 2.1, na página a seguir, dá uma breve definição dos valores nesse sistema.

Você pode encontrar seus próprios valores de duas maneiras. Primeiro, só de ler essa lista, é possível notar que alguns valores ressoam em você, e outros, não. Anote quais você sente que o descrevem melhor.

TABELA 2.1 Definições dos valores

Poder: Controle sobre pessoas e recursos, status social.

Realização: Sucesso pessoal (conforme definido pelos padrões sociais).

Hedonismo: Prazer, diversão e autogratificação.

Estímulo: Empolgação, busca por novidade e desafios.

Autodireção: Independência em pensamentos e ações; criatividade.

Universalismo: Tolerância, valorização e aceitação em relação às pessoas e à natureza.

Benevolência: Auxílio em relação aos outros e proteção do bem-estar deles.

Conformidade: Controle das ações e dos impulsos para corresponder às normas sociais.

Tradição: Respeito por costumes culturais, normas e ideias.

Segurança: Segurança e estabilidade em si mesmo, na sociedade e nos relacionamentos.

Pesquisas que fazem perguntas sobre seus valores também podem ser esclarecedoras. Chris me contou que participou de um evento em que foram descritos os tipos de trabalho no exterior para o governo dos Estados Unidos. Como parte do processo, os participantes responderam a uma pesquisa. Mais tarde, no almoço, candidatos em potencial compararam as respostas. Vários riram com o item "Eu gostaria de trabalhar em uma zona de guerra" e ficaram pensando quem poderia concordar totalmente com essa frase. Foi então que Chris – que estava empolgado com a perspectiva de trabalhar em uma zona de guerra – percebeu que seus valores não eram necessariamente iguais aos das outras pessoas. Ele claramente desejava mais estímulo que outras pessoas no grupo. Chris acabou indo trabalhar no exterior, em alguns lugares perigosos, e gostou muito.

Em segundo lugar, observe as reações que você tem diante das próprias ações e dos comportamentos alheios. Quando fizer alguma coisa e gostar disso, anote. Quando alguém fizer algo de que você não goste ou que o deixe pouco à vontade, anote também. Agora, explique a si mesmo por que gostou ou não dessa ação. Sua explicação provavelmente estará ligada a seus valores.

36   Mindset da carreira

Ainda melhor, envolva seu cérebro social nesse processo. Encontre um interlocutor que não lhe diga o que fazer. Converse sobre o que quer e por quê. A vantagem de falar com alguém, em vez de só ficar pensando sozinho, é que você precisa articular diversas suposições ocultas. Pode ser que você apenas ache que entende por que se sente de um jeito específico sobre um emprego ou um caminho de carreira. Ao descrever isso para outra pessoa, terá de destrinchar as razões pelas quais sente isso e encontrar um vocabulário para falar sobre elas. Muitas vezes, isso vai lhe dar mais insights sobre seus valores do que apenas refletir sobre eles.

Pode parecer óbvio que seus valores determinam seus julgamentos do que é bom ou ruim. Mas, quando você começa a observar com cuidado as próprias reações, pode descobrir uma desconexão entre o que pensou que valorizava e o que de fato considera importante. Bryan acreditava que uma carreira o levaria à realização. Quando olhou com mais atenção para as atividades e os resultados de que realmente gostava, porém, percebeu que subir na hierarquia da empresa e ganhar mais não lhe trariam satisfação. Em vez disso, então, ajudar os outros foi que o empolgou.

Criando seu conjunto de consideração

Use a compreensão de seus próprios valores como base para desenvolver a lista de empregos a que vai se candidatar. A vantagem de começar com os valores é que a maior parte do planejamento que as pessoas fazem é específico. Elas se concentram em determinados empregos e trajetórias profissionais em vez de se concentrarem em metas mais amplas baseadas em valores. Como resultado, aceitam um emprego sem checar se ele as colocará em um caminho potencialmente gratificante.

Por exemplo, muitos cursos universitários se concentram em certas carreiras. Engenharia mecânica direciona os alunos a um conjunto de empregos, enquanto ciência da computação leva os estudantes a outro conjunto. Muitas vezes, as pessoas evitam estudar ciências humanas porque poucos empregos têm uma relação óbvia com esses cursos. Alguns graduados em história se tornam acadêmicos, mas a maioria, não – e as empresas não têm tanta demanda de historiadores. Isso não quer dizer que a faculdade de história não tenha valor. Ela ensina muitas habilidades – métodos de pensar, analisar situações e escrever – que tornam os estudantes eficientes no trabalho. Então os benefícios vêm da aplicação dessas habilidades, não do conteúdo da disciplina.

Use a capacidade de viajar mentalmente no tempo, conforme já mencionei, e projete-se no futuro, olhando para trás em sua carreira. O que você quer dizer que fez? O que vai satisfazê-lo?

O truque é não projetar sua história de vida. Todos nós temos ideias de aonde a vida deveria ir. Imaginamos onde podemos viver, os empregos que podemos ter e nossa situação familiar ideal. Quando se trata de uma carreira, controlar demais as oportunidades vai fazer você se concentrar em empregos que combinem com o ideal que estabeleceu para si mesmo. Quanto mais próxima uma oportunidade de emprego específica estiver da visão que você tem para sua vida, mais você pode estar inclinado a se candidatar a ela.

Um futuro imaginado, no entanto, é altamente limitado por aquilo que você já conhece. Tom Ward e seus colegas realizaram estudos em que pediam para adultos desenharem criaturas de um planeta alienígena. Então, a tarefa realmente lhes pedia para fazer algo novo. No entanto, os participantes em geral desenhavam seres com braços, pernas, olhos e orelhas simétricos. E, quanto mais inteligentes as criaturas deveriam ser, maior a probabilidade de que andassem sobre duas pernas. Sem perceber, os participantes usavam o conhecimento que tinham a respeito de animais (e quais animais são inteligentes) como base para essas ideias. Qualquer atividade criativa é afetada por aquilo que você já conhece.

Sua visão para o futuro funciona da mesma maneira. O que você pode imaginar para si está baseado no que já vivenciou. Os caminhos profissionais que pode tomar são influenciados pelos que você já viu. Foi por isso que no ensino médio respondi à pesquisa de carreira como se um dia fosse me tornar um contador. Se desconsiderar empregos em potencial só porque nunca se imaginou neles, você não permitirá que o mundo amplie a base de conhecimento sobre qual poderia ser sua carreira. Se eu tivesse projetado minha carreira antecipadamente, você não leria este livro hoje. Em vez disso, eu talvez fizesse sua declaração de imposto de renda.

Existem muitas formas de ser exposto a empregos que você não teria considerado. As comunidades muitas vezes realizam feiras sobre profissões, principalmente quando há faculdades ou universidades próximas. Muitas cidades têm grupos de networking para pessoas em busca de emprego. Um coach de carreira pode sugerir novas possibilidades. Alguns sites de busca de emprego costumam postar artigos sobre empresas e vagas que combinam valores como bom equilíbrio entre vida pessoal e profissional ou desenvolvimento de carreira. Use esses recursos para expandir as opções que está disposto a considerar.

A última grande questão ao compilar seu conjunto de consideração é o tamanho da rede que quer lançar. Você deve se restringir aos empregos que representam seu ideal ou deve se candidatar a uma gama mais ampla de vagas?

Essa é uma das poucas questões sobre empregos que tem uma resposta geral. Você deve se candidatar a muito mais empregos do que acha que precisa. Parte do motivo pelo qual você subestima a quantidade de empregos a que deve se candidatar é porque desconsidera alguns de acordo com as crenças a respeito do que poderia gostar. Talvez o mais importante é que você pode estar confiante demais sobre a probabilidade de conseguir uma das vagas às quais se candidatou.

Se for como a maioria das pessoas, você tem uma *ilusão de controle*. Essa expressão foi usada pela primeira vez por Ellen Langer. Segundo ela, as pessoas acreditam que suas ações têm efeito maior sobre os resultados do que de fato têm. No contexto dos empregos a que se candidata, muitos fatores estão completamente fora de seu controle. A empresa pode já ter alguém em mente para o cargo. A pessoa que está lendo seu currículo pode não prestar muita atenção. A contratação mais recente pode ter se formado na mesma faculdade que você, e a empresa pode ter tido uma experiência ruim com a pessoa.

O processo de se candidatar a vagas é muito mais aleatório do que parece. Na maioria das situações, usamos a palavra "aleatório" para nos referir a fatores que não podem ser previstos com base no conhecimento. Como regra geral, então, você deve rever os recursos que usou para criar uma lista das vagas a que pretende se candidatar e incluir algumas que eliminou de início. Se dobrar o tamanho da lista original, provavelmente está no caminho certo.

Muitos candidatos usam uma estratégia diferente, concentrando-se primeiro nos empregos que acham que de fato querem e só depois aumentando gradualmente o número que vão considerar. Existem algumas razões para se candidatar de maneira mais ampla no início. Primeiro, pelos fatores fora de seu controle, uma lista curta de vagas tem pouca probabilidade de resultar em um emprego (ou mesmo em uma entrevista). Isso pode ser desanimador. Em segundo lugar, um *custo de oportunidade* está ligado ao tamanho de sua busca de emprego. Custos de oportunidade são coisas que você poderia ter feito com um recurso que gastou de outra forma. Se você passou muito tempo esperando pelas respostas a um pequeno número de vagas a que se candidatou – e que pareciam ideais –, vai perder outros empregos aos quais poderia ter se candidatado. E, quanto mais tempo ficar sem trabalhar, mais dinheiro poderia ter ganhado em qualquer vaga enquanto ficou concentrado em conseguir a vaga *ideal*. Em terceiro lugar, candidatar-se a um emprego não o obriga a aceitá-lo. Se for chamado e não estiver convencido de que vai gostar, sempre é possível recusar a proposta. E, por fim, nunca é uma ideia ruim refinar suas habilidades de entrevista, mesmo se decidir que não quer o emprego. No Capítulo 3, trato das entrevistas de emprego.

Por todos esses motivos, candidate-se a mais vagas do que acha que precisa e candidate-se a qualquer uma que ache que poderia aprender a amar.

O CÉREBRO DE JAZZ

Estar aberto a coisas novas

Para gerar um grande conjunto de possibilidades, você precisa cultivar a abertura. É aqui que entra seu cérebro de jazz. Os músicos de jazz têm de aprender a tocar coisas que estão "fora", isto é, notas em um solo que não combinam exatamente com a progressão de acordes. Eles fazem isso tocando escalas musicais (como as escalas cromática e diminuta) que não são centrais na música popular. Com o tempo, essas notas discordantes começam a parecer certas porque as escalas se tornam familiares. No entanto, isso acontece apenas porque os improvisadores eficientes estão abertos à possibilidade de as melodias serem desenvolvidas de muitas maneiras. A abertura não se aplica apenas à música. Ela se aplica a todas as experiências em potencial.

Os psicólogos da personalidade identificaram cinco características centrais, a que deram o ótimo nome de "Cinco Grandes". Uma delas é a abertura a experiências, que reflete a orientação que as pessoas assumem em relação a novas situações. Se busca oportunidades com empolgação, você é aberto; se fica ansioso com coisas novas, é fechado. Porém, a personalidade não é determinante. Mesmo que sua reação natural a coisas novas seja sentir medo, você pode decidir experimentá-las, ainda mais quando se trata do ambiente de trabalho.

A razão para cultivar a disposição a explorar coisas novas é que muitas rotas para desenvolver uma carreira vão corresponder a seus valores. Algumas podem envolver empregos que você nunca cogitou. Chris provavelmente jamais pensou em viver em uma zona de guerra antes de fazer aquele teste do governo, mas, no fim das contas, seguiu uma carreira que achou gratificante.

PONTOS PRINCIPAIS

Seus cérebros

CÉREBRO MOTIVACIONAL

- Os sentimentos são o modo como o sistema motivacional se comunica com o cérebro.
- As emoções são interpretações dos sentimentos.
- A abertura à experiência reflete sua orientação em relação a coisas novas.

CÉREBRO SOCIAL

- Seu sistema de valores vem em grande medida de sua cultura e das pessoas que o rodeiam. Os valores podem ser significativamente diferentes entre os indivíduos.

CÉREBRO COGNITIVO

- A imaginação é direcionada por aquilo que você sabe.
- Você tem uma ilusão de controle.

Suas dicas

- Você não precisa descobrir sua paixão; é possível aprender a gostar de seu emprego.
- Ver seu emprego como uma vocação ou um chamado pode ajudar você a se envolver com ele.
- Procure vagas que estejam alinhadas com seus valores.
- Não projete como será sua carreira.
- Candidate-se a mais vagas do que acha que precisa.
- Não descarte as oportunidades de emprego só porque não sabe muito sobre elas.

3

Como se candidatar a uma vaga e se comportar nas entrevistas

A diversão começa depois que você decide a quais vagas vai se candidatar.

Agora é a hora de entrar em contato. Este capítulo trata de como criar a melhor impressão nessa fase. Começa com o ato de se candidatar à vaga e vai até a entrevista de emprego.

O sucesso nesse ponto exige que você pense como recrutador. Afinal, seu currículo será avaliado por uma ou várias pessoas que vão examinar o conteúdo, provavelmente sem pedir informações adicionais. Quanto mais você conhecer o modo como será julgado, mais provável é que faça a transição de apenas uma página em uma pilha de currículos para uma conexão pessoal em uma entrevista. A entrevista tem sua dinâmica própria, que influencia a chance de uma proposta de emprego.

O processo de se candidatar a uma vaga também é uma ótima oportunidade para obter informações sobre a empresa para a qual pode trabalhar. Muitas vezes, os candidatos tratam a candidatura a uma vaga e as entrevistas como se a informação fluísse apenas do candidato para o empregador em potencial. Mas os empregadores lhe dizem muito sobre os valores deles e sobre como é trabalhar para eles pela maneira como contratam. É importante prestar atenção a esses sinais.

Sua candidatura

A maioria das candidaturas de emprego envolve um conjunto de papéis (ou arquivos de computador) que lhe dão a primeira oportunidade de impressionar um recrutador ou um comitê de recrutamento. Eles podem incluir um formulário de inscrição, uma carta de apresentação que permite que você exponha suas qualificações, um breve currículo destacando experiências-chave e, talvez, um portfólio de seus trabalhos mais relevantes. Algumas empresas também podem pedir testes. Estes, por sua vez, podem avaliar habilidades relacionadas ao emprego ou ser como inventários de interesses e personalidade.

Seu sucesso ao concorrer à vaga depende de impressionar os recrutadores, então é preciso saber algumas coisas sobre como as pessoas usam os materiais que você fornece para tomar decisões.

Talvez a coisa mais importante a determinar é o que a organização contratante realmente deseja. Isso significa que você tem muito trabalho a fazer antes mesmo de começar a reunir os materiais para sua candidatura.

Falei com Alison, que já avaliou muitos candidatos e aconselhou inúmeros outros. Ela disse: "Pesquise, pesquise, pesquise... Saiba o máximo que puder sobre as pessoas, o lugar, a cultura, para determinar se tudo se encaixará bem e quais são os desafios e as oportunidades, não só lendo as informações disponíveis ao público, mas também fazendo um pouco de trabalho de bastidores para conhecer as impressões das pessoas tanto de dentro da empresa quanto de fora. E personalize seu currículo, não só a carta de apresentação, para a vaga".

O contratante fornece algumas informações sobre o que é e o que deseja já no anúncio. No entanto, você não deve se concentrar apenas no que o anúncio diz. Você deve ter uma boa ideia do que a organização faz e de como fala sobre sua missão. Essas informações estão disponíveis no site da empresa e podem ser encontradas nos artigos publicados na mídia. E, se conhecer pessoas que trabalharam para a organização (ou, melhor ainda, que ainda trabalhem lá), preste atenção às palavras que usam para falar sobre sua experiência.

Conversei com muitos recrutadores enquanto escrevia este livro, e todos disseram que o maior erro que um candidato pode cometer é não se familiarizar com a missão da organização e não entender o que o anúncio da vaga diz. Isso não significa necessariamente saber todas as tarefas que a organização tem em mente para o cargo, mas significa que se deve saber tudo o que foi comunicado a esse respeito.

E você não deve só entender as metas da organização de maneira abstrata. A linguagem específica que as pessoas usam é importante. Um fator que aumenta a sensação das pessoas de gostar de alguma coisa é a facilidade com que elas conseguem pensar sobre aquilo. Essa facilidade é chamada de "fluência de processamento". Muito além do que você diz sobre si mesmo, quanto mais fluentemente as pessoas puderem processar as informações que você fornece, mais gostarão do material apresentado.

Quando você se candidata a uma vaga de emprego, de que maneira você pode facilitar a fluência de processamento? Repetir as palavras que a organização usa para descrever a si mesma e ao cargo é um bom ponto de partida. Robin, que muitas vezes recruta para startups (e teve de se candidatar a vários empregos ao longo dos anos), enfatiza esse ponto. Ele diz: "Em currículos e entrevistas, uso a mesma linguagem [que o empregador]. A mesma coisa pode ser transmitida de muitas formas diferentes. Se você descreve o que eles querem, mas em suas próprias palavras, corre um risco maior de que não percebam que você é exatamente quem estão procurando". Segundo ele, outro benefício de usar a mesma linguagem é que os recrutadores vão processar sua escrita mais fluentemente e, assim, vão gostar mais dela.

Ao preparar sua candidatura, você também deve dar atenção às últimas tendências de formatação. Verifique os guias de estilo para currículo disponíveis on-line para descobrir quais fontes as pessoas usam, o formato preferido e, se precisar imprimir uma cópia desses materiais, as escolhas de papel. Além disso, tome cuidado para não cometer nenhum erro de ortografia.

Você pode achar que o conteúdo do que tem a dizer é mais importante que a aparência. Mas a primeira impressão conta muito. Grande parte da informação em um currículo e na carta de apresentação não é realmente tão útil para um recrutador. Para vagas de nível básico, poucos candidatos têm muita experiência relevante. Para cargos mais altos, é difícil comparar a experiência de várias pessoas. A maioria das cartas de recomendação é bem enfática, então não ajuda muito a distinguir os candidatos. Uma formatação descuidada ou erros de digitação podem fazer com que um recrutador dê pouca atenção à candidatura.

Vale a pena falar um pouco mais sobre cada um desses aspectos.

Aceitar e rejeitar: cuidado com o paradoxo do apresentador

Em cada estágio do processo de seleção, os recrutadores pensam de um modo. Coloque-se na posição deles por um instante. Eles anunciaram uma vaga, e muitas pessoas se candidataram. Nesse estágio preliminar, o objetivo do recrutador é diminuir os candidatos iniciais a um número administrável, que possam avaliar com mais detalhes.

Embora, em última instância, os recrutadores queiram encontrar um candidato ótimo, a primeira tarefa deles é rejeitar o máximo de pessoas. Estudos feitos por Eldar Shafir sugerem que os indivíduos tendem a enfatizar informações mais compatíveis com a tarefa que desempenham no momento, independentemente da meta geral. Isso significa que a primeira avaliação do material vai procurar quase exclusivamente as informações que tornarão possível ao recrutador rejeitar você. Qualquer alerta vermelho pode deixá-lo fora da pilha que será examinada de novo – mesmo que seus pontos fortes estejam à altura dos melhores candidatos.

A primeira coisa a fazer é evitar dar qualquer razão óbvia para ser rejeitado. Releia seu currículo. É bem fácil pegar erros de ortografia porque a maioria dos processadores de texto os destacam. Mesmo assim, releia seu currículo. Você pode errar em palavras comuns – como escrever "mais" em vez de "mas". É preciso ter certeza de que os nomes do cargo, da empresa e do contato em sua carta de apresentação foram atualizados para cada seleção. Endereçar uma carta de apresentação para o coordenador de RH de outra empresa é uma ótima forma de colocar seu currículo no lixo.

A formatação também é importante. Um currículo difícil de ler pode levar um recrutador ocupado a rejeitá-lo. Até mesmo a escolha da fonte errada (estou falando de você, Comic Sans) pode ser um problema. Tome o cuidado de eliminar os fatores que poderiam deixá-lo de fora da etapa seguinte.

Também convém dar uma conferida na descrição do cargo. Se algumas qualificações estão listadas como necessárias, tenha certeza de que você as tem. Nesse primeiro estágio do processo, os recrutadores não examinam as outras coisas maravilhosas que você fez. Eles usam as qualificações obrigatórias para filtrar os candidatos.

Felizmente, depois que os recrutadores terminam de separar o joio do trigo, a atitude deles muda. O princípio da compatibilidade que mencionei há alguns parágrafos os afasta da busca de razões para rejeitar os currículos e os aproxima da busca de motivos para colocar as pessoas na lista reduzida que será examinada com mais atenção e poderá resultar em uma entrevista. Eles começam a se concentrar nos aspectos positivos dos candidatos. Isso significa que seus materiais devem maximizar o impacto da informação positiva.

Tome cuidado com o "paradoxo do apresentador", expressão cunhada em um estudo de Kimberlee Weaver, Stephen Garcia e Norbert Schwarz. Segundo esses pesquisadores, ao pensar como apresentar informações sobre si mesmas, as pessoas tendem a incluir todas as coisas positivas em que conseguem pensar. Algumas das realizações que você destacar podem ser de fato ótimas – como ganhar um prêmio na faculdade ou ser reconhecido por um painel nacional de especialistas por uma inovação. Outras podem ser boas, mas não ótimas – por exemplo, uma menção honrosa em uma competição de arremesso de beisebol.

Ao preparar os materiais da candidatura, você pode supor que será avaliado com uma estratégia *aditiva*. Em outras palavras, as pessoas que lerem seu currículo vão acrescentar à pontuação total cada realização que você apresentar. Se seu currículo fosse avaliado desse modo, até mesmo uma menção honrosa aumentaria a força dele. Mas, na verdade, as pessoas fazem avaliações com a média das informações que recebem. Então três grandes realizações e mais algumas conquistas menos importantes podem resultar em uma média mais baixa que apenas as três grandes realizações. Seja seletivo sobre as informações positivas a apresentar. Concentre-se em seus pontos mais fortes. Resista à tentação de encher seu currículo com elementos medianamente positivos. Menos é mais.

Destaque seus pontos fortes

Muitas vezes, as pessoas que estão elaborando um currículo supõem que os outros entenderão a importância de tudo o que escrevem. O resultado é que perdem a oportunidade de destacar pontos fortes.

Trata-se de um problema cultural. É provável que seu cérebro social tenha sido programado para não se vangloriar, especialmente se você for mulher. É inadequado anunciar suas realizações em público. Você corre o risco de afastar as outras pessoas ou de receber feedback negativo se passar tempo demais falando sobre o trabalho maravilhoso que fez. Quase sempre, a discrição é a melhor política.

Isso, porém, não vale ao se candidatar a uma vaga de emprego.

Um currículo não é o lugar para ser excessivamente modesto em relação a suas realizações. Se você liderou uma equipe que foi bem-sucedida em uma tarefa na qual diversos grupos haviam fracassado antes, deixe isso claro. Você tem permissão de dizer em seu currículo coisas que nunca diria sobre si mesmo em outro contexto. Descreva suas realizações em toda a sua glória e deixe muito claro qual foi seu papel no sucesso da equipe.

Mais uma vez, coloque-se no lugar de quem avalia seu currículo. Os recrutadores têm uma grande pilha de currículos para considerar e talvez queiram preencher várias vagas ao mesmo tempo. Eles examinam muitos perfis. Você não pode supor que um recrutador vai entender a importância de suas realizações sem alguma orientação. (Se você recebeu um Prêmio Nobel, provavelmente não será necessário explicar por que ele é digno de nota.)

Imagine que uma organização à qual você pertence tenha o nomeado como sócio. Isso é importante? Talvez. Se a sociedade for a maior em seu campo e se apenas uma pequena porcentagem dos membros atinge esse status, então isso é uma distinção, e você deve mencioná-la para que os recrutadores saibam que importa. "Apenas 5% dos mais de 10 mil membros da Sociedade Profissional Realmente Importante recebem o status de sócios."

Você quer que os recrutadores se concentrem nos elementos mais importantes de seu currículo o mais rápido possível. Destaque os principais pontos fortes na carta de apresentação. Relacione esses pontos fortes às habilidades específicas listadas na descrição da vaga. Reforce-os no currículo descrevendo-os com as mesmas palavras que usou na carta de apresentação. Dessa forma, você vai ajudar o recrutador a interpretar a informação que consta em seu currículo.

Seu objetivo é ser chamado para uma entrevista. Um bom número de pesquisas em psicologia (bem resumidas em um artigo de Eldar Shafir, Itamar Simonson e Amos Tversky) se ocupou das escolhas baseadas na razão. Em muitas situações, sobretudo quando as pessoas precisam justificar as escolhas feitas diante de outras pessoas, elas buscam um motivo – uma declaração breve de por que fizeram essa escolha.

Sem dúvida, na vida as pessoas fazem escolhas para as quais não têm razões claras. Elas podem escolher uma obra de arte para decorar sua casa porque gostam da peça, mas não são capazes de dizer o que as atrai em tal obra. Podem apostar em um cavalo específico porque têm uma intuição em relação ao animal. Mas os recrutadores provavelmente terão de justificar sua escolha a outra pessoa ou nos formulários que documentam a busca. Ajude-os, em seu material, a elaborar essa razão.

Por fim, lembre que você deve ser capaz de comprovar qualquer afirmação que fizer em seu currículo. O número de casos famosos em que pessoas conhecidas falsificaram credenciais faz valer a pena reiterar que todos os elementos concretos em seu currículo devem ser o mais exatos possível. Se você frequentou uma escola específica sem se formar nela, não mencione que se graduou lá. Se recebeu menção honrosa em um prêmio, não diga que foi o vencedor.

Ainda mais importante é ser realista sobre as realizações. Pesquisas sobre *tendência egocêntrica* sugerem que as pessoas costumam exagerar a importância das próprias contribuições para o sucesso de um projeto. Aliás, se você pedir a todos os membros de uma equipe que avaliem a porcentagem de esforço com que contribuíram para um produto final, o total será bem maior que 100%.

Não há nada de inerentemente errado em exagerar a importância de sua contribuição no contexto de uma seleção de emprego, mas se certifique de que pode dar exemplos específicos do que fez. Se for selecionado para uma entrevista, o recrutador provavelmente vai lhe pedir para falar em mais detalhes sobre as realizações destacadas em seu currículo. Você precisa ter evidências específicas ou histórias para ilustrar suas afirmações.

A entrevista

Depois de enviar seus materiais, vem um jogo de espera em que tudo está fora de seu controle. Os recrutadores avaliam uma pilha de currículos para determinar quem desejam encontrar pessoalmente. É aí que começa o processo das entrevistas.

As entrevistas são um trabalho intenso para os recrutadores, e por isso eles só convocam algumas pessoas para cada vaga a preencher. Você deve ficar feliz sempre que é chamado para uma entrevista. Suas chances de conseguir uma proposta de trabalho aumentaram consideravelmente.

As entrevistas têm uma grande influência em relação a receber ou não uma proposta de emprego, embora não esteja claro quanta informação valiosa elas fornecem a um empregador em potencial. O currículo de um candidato abrange toda uma carreira.

Ele inclui declarações de qualificações, certificados e histórico escolar. As referências refletem relacionamentos razoavelmente longos. Se o material incluir um portfólio, o trabalho fornecido reflete um esforço substancial. Ainda assim, uma entrevista muitas vezes dura só algumas horas (ou no máximo alguns dias para posições de nível muito alto) e é realizada em um ambiente altamente controlado. Não é óbvio que essa pequena amostra de informações sobre um candidato deva ter mais peso que as informações no currículo.

Talvez as empresas possam aprender um pouco com os restaurantes. Meu filho do meio trabalha em cozinhas. Quando se candidata a um emprego, ele passa por uma breve entrevista, suas referências são confirmadas e, então, ele trabalha em um turno ou parte de um turno (usa-se a palavra estágio, que vem da palavra francesa *stagiaire*, ou "trainee"). Essa experiência interna fornece informações aos empregadores e aos candidatos. Os empregadores observam as habilidades dos candidatos, e os candidatos têm uma ideia de como é a cozinha e se eles combinam com ela. Em diversas oportunidades, meu filho fez estágios e acabou decidindo que determinados restaurantes não eram locais onde ele quisesse trabalhar, mesmo que lhe oferecessem a vaga.

O que os empregadores esperam com uma entrevista? Por um lado, querem informações sobre as habilidades que podem não ter ficado claras no currículo. Um número cada vez maior de empresas também usa a entrevista como oportunidade para aplicar testes que podem indicar aptidão para determinadas vagas. Além disso, as pessoas tentam avaliar se você combina com a empresa. Será que é bom trabalhar com você? Um recrutador com quem falei disse que grande parte da entrevista servia para assegurar que o candidato não tinha quatro cabeças e cuspia fogo.

Além disso, você pode aprender muito sobre seu potencial empregador por meio do processo de entrevista, do mesmo modo que meu filho aprendeu muito sobre cada restaurante ao fazer o estágio. Diversas pessoas estão tão preocupadas em causar uma boa impressão na entrevista que nem pensam sobre o que poderiam descobrir.

Vamos analisar em detalhes alguns aspectos das entrevistas.

Habilidades

Às vezes é difícil ter uma ideia verdadeira de suas habilidades pelo currículo. Você pode ter certificações que atestam capacidades técnicas específicas, mas, mesmo assim, aquilo que é capaz de fazer nem sempre fica óbvio. Por isso, é possível que as empresas dediquem parte do tempo da entrevista a avaliar suas habilidades.

Em campos técnicos, podem pedir que você resolva problemas específicos dentro das áreas de conhecimento que o emprego requer. Joy estava se candidatando a uma vaga de analista de dados em uma grande empresa, que lhe enviou várias amostras de problemas para resolver depois de uma entrevista de triagem inicial. Então ela discutiu as respostas com o entrevistador em uma segunda oportunidade. As empresas também podem pedir que você faça recomendações com base em seu conhecimento ou que preveja quanto tempo um projeto específico vai demorar.

Questões similares podem ser feitas em outros campos. Professores podem ter de elaborar um plano de aula ou explicar como lidariam com uma situação específica em sala. Vendedores podem detalhar uma abordagem a um cliente hipotético. Muitos do sites de emprego têm seções em que as pessoas entrevistadas publicam as perguntas que lhes foram feitas pelas empresas. Dê uma olhada nessas perguntas para ter uma ideia do que pode surgir durante a entrevista. Se você conhece alguém com experiência nessa empresa, conte algumas de suas respostas e lhe peça para comentar.

Os entrevistadores almejam descobrir coisas sobre você quando fazem essas perguntas. Parte do que querem saber, claro, é se você apresentou suas habilidades de modo preciso no currículo. Também pretendem ter uma ideia de como você lida com problemas. Aqui estão algumas coisas que devem ser levadas em conta.

Em primeiro lugar, não entre em pânico se não souber de imediato e com certeza como responder a uma pergunta. Entrevistas são situações estressantes, e a pesquisa do cérebro cognitivo sugere que o estresse diminui a quantidade de informações que você consegue manter em mente – o que se chama "capacidade de memória de trabalho". A memória de trabalho é importante para resolver problemas complexos, e, assim, o estresse pode dificultar seu sucesso nos problemas que lhe derem para resolver. Se entrar em pânico, você vai sentir ainda mais estresse, e sua capacidade de memória de trabalho diminuirá ainda mais.

Em segundo lugar, lembre-se de que muitas empresas desenvolvem uma terminologia própria para falar sobre as coisas relacionadas a suas atividades. Suponha que você seja entrevistado para um emprego na Procter & Gamble e que lhe perguntem sobre as estratégias para melhorar o desempenho de um produto "no primeiro momento da verdade". Você pode não ter certeza de como abordar essa pergunta porque "o primeiro momento da verdade" – vocabulário interno da empresa para os primeiros instantes de interação entre um cliente e um produto na prateleira da loja – é uma frase não muito usada fora da P&G.

Se um entrevistador usar um termo que você desconhece, não há problema em pedir esclarecimentos. Não suponha que todos os termos e os jargões que um entrevistador usar são de conhecimento geral. É importante ter certeza de que entendeu a pergunta que foi feita.

Em terceiro lugar, você deve se sentir à vontade para usar as perguntas como uma oportunidade para se envolver em uma conversa com o entrevistador. Por exemplo, se lhe pedirem para estimar quanto tempo um projeto leva, pergunte quais ferramentas a empresa costuma usar para determinar o cronograma de um projeto e quais grupos em geral se reúnem para definir prazos e responsabilidades. Essas perguntas mostram que você está familiarizado com as principais barreiras para a resolução desse problema e quer saber como a empresa lida com elas.

Durante uma época, as empresas também faziam perguntas sobre tipos muito gerais de raciocínio e lógica nas entrevistas. O Google, por exemplo, era famoso por pedir aos entrevistados que resolvessem quebra-cabeças estranhos. No entanto, essa técnica foi deixada de lado porque a capacidade de resolver problemas sem conexão com situações reais não prevê muito bem qual será o desempenho de um candidato no emprego. A solução de problemas reais é um processo de conhecimento profundo.

Traços de personalidade

Diversas empresas também fazem testes de traços para combinar as pessoas com cargos. Um *traço* é uma motivação de longo prazo que afeta seu comportamento – é o oposto de um *estado*, que é uma motivação ou um sentimento que você experimenta em determinado momento. Como parte de um processo de seleção ou uma entrevista, podem lhe pedir que responda a vários questionários que têm o objetivo de avaliar características centrais de personalidade.

No decorrer deste livro, falo sobre vários traços que se relacionam com o desempenho no trabalho. Por enquanto, porém, quero destacar três pontos principais.

Em primeiro lugar, suas características de personalidade refletem as configurações-padrão de seu cérebro motivacional. O sistema motivacional de cada pessoa funciona de modo levemente diferente, com preferências diferentes. Algumas pessoas são atraídas por interações sociais, enquanto outras preferem trabalhar sozinhas. Algumas são motivadas a pensar com cuidado sobre as coisas, enquanto outras preferem fazer algo e ver o que acontece.

Depois da idade adulta, essas motivações-padrão se mantêm bastante estáveis no restante da vida. Se você em geral prefere trabalhar sozinho, é improvável que de repente se sinta motivado a se envolver em muitas interações sociais no trabalho. É por isso que fazer essas avaliações pode ser útil para as empresas. Elas oferecem alguns fatores gerais que afetam seu cérebro motivacional.

É de seu interesse responder às perguntas nos inventários de personalidade do modo mais preciso que puder. As empresas que os usam bem tentam garantir que você não acabe em um cargo que considere irritante porque exige que aja repetidas vezes ao contrário de sua motivação-padrão. Não vale a pena tentar adivinhar que tipo de respostas uma empresa quer nesses questionários porque você pode receber uma proposta de emprego inadequada a seus traços.

Em segundo lugar, traços de personalidade não são determinantes. A maioria dos estudos de personalidade sugere que as diferenças das pessoas em determinado traço preveem no máximo 20% de suas diferenças em um comportamento específico porque muitos fatores determinam o que você faz. Muitas vezes, a própria situação guia seu comportamento. Seus objetivos também o afetam. Como consequência, você pode desempenhar no trabalho diversas tarefas incompatíveis com seus traços de personalidade e, ainda assim, gostar delas porque acredita na missão da organização, está empolgado com o que alcança ou se preocupa com seus colegas.

Isso significa que você deve dar atenção aos resultados dos testes de personalidade, mas não os usar como única razão para decisões sobre sua carreira. Seus traços são apenas um dos muitos fatores que afetam seu sucesso em um cargo.

Por fim, desconfie de qualquer empresa que lhe dê o Myers-Briggs Type Indicator (MBTI) como parte do processo de entrevista. Inventário conhecido, o MBTI classifica as pessoas em quatro dimensões baseadas nas teorias psicológicas de Carl Jung. Infelizmente, o MBTI tem vários problemas. Em particular, a confiabilidade teste-reteste é baixa, o que significa que, se você fizer o teste várias vezes, poderá ter resultados bem distintos a cada vez. Como não consegue prever o comportamento com regularidade, ele raramente é usado em estudos científicos de comportamento. E o MBTI faz você parecer mais extremo nas quatro dimensões do que realmente é, porque muitas pesquisas de personalidade sugerem que a maioria das pessoas se posiciona mais no meio delas. Se uma empresa usa esse teste como parte de seu processo de contratação, ela não tem na equipe pessoas que de fato entendam como os traços de personalidade devem ser usados no trabalho.

Habilidades sociais

É impossível saber pelo currículo como é conviver com alguém. Essa informação é valiosa porque o grau em que as pessoas convivem bem e trabalham juntas para desempenhar tarefas-chave é fundamental para o sucesso de qualquer local de trabalho. Se seu emprego requer muita solução de problemas em grupo e as tarefas específicas evoluem constantemente de acordo com o que seus colegas estão fazendo, a empresa precisa saber que você trabalha bem em equipe.

Até candidatos que no papel têm todas as habilidades necessárias para o trabalho podem não ser ideais se não se derem bem com os colegas ou não ecoarem a cultura corporativa. Por essa razão, os recrutadores avaliam suas capacidades sociais. Lucas contou uma história que resume isso. Quando foi para a segunda entrevista em uma empresa, lhe disseram que a primeira entrevista tinha sido planejada para determinar sua capacidade de realizar as tarefas, e a segunda tinha o objetivo de "garantir que [ele] não era idiota".

Por causa desse aspecto da entrevista, é aconselhável mostrar um eu profissional autêntico. Isso pode parecer óbvio, mas as entrevistas são situações estressantes, e você pode não pensar com cuidado sobre como quer se apresentar. Pode dizer ou fazer algo de que se arrependa depois. Então, aqui estão alguns pontos para ter em mente.

Sua aparência na entrevista realmente importa. Muito trabalho foi feito sobre *julgamentos superficiais*, demonstrando que as pessoas decidem rapidamente o que pensam sobre alguém que acabaram de conhecer. Parte da impressão vem de se relacionar com a pessoa, mas outra parte vem da aparência. A pessoa parece alguém com quem eles ficariam à vontade?

Qualquer coisa sobre sua aparência que chame atenção pode influenciar negativamente a primeira impressão que as pessoas têm de você. E essa impressão pode afetar como as pessoas avaliam as coisas que você faz durante uma entrevista. Como existe uma ambiguidade potencial nos fatores listados em seu currículo, também existe uma ambiguidade em compreender seu comportamento. Um comentário que você fez foi engraçado ou irritante? Confiante ou arrogante? Agradável ou bajulador? Alguém com uma impressão inicial de você provavelmente interpretará seu comportamento de forma positiva. Quando têm uma boa impressão de você, as pessoas tendem a interpretar seu comportamento mais positivamente, o que leva a mais julgamentos favoráveis a seu respeito. Esse fenômeno é chamado "efeito halo".

Quando aconselho as pessoas a respeito de entrevistas, várias delas argumentam que deveriam poder mostrar seu eu autêntico em todas as ocasiões, mesmo durante uma entrevista. Odeio parecer pré-histórico, mas se vestir de maneira profissional não o impede de ser autêntico, mesmo que você não se vista assim normalmente. Isso apenas demonstra que você entende o suficiente sobre o contexto de uma entrevista para deixar que ela guie seu comportamento. Existirão muitas situações durante sua vida profissional em que você não dirá o que está pensando de fato nem fará um projeto exatamente do modo que queria. Vestir-se bem durante uma entrevista mostra que você entende as regras que regem o comportamento profissional – mesmo que nunca mais tenha de usar essas roupas no trabalho.

As pessoas que você encontrar provavelmente vão lembrar apenas de uma pequena quantidade de informações sobre esse encontro, em geral sobre três coisas. Se uma delas é um aspecto de sua aparência, as outras duas precisam ser de fato boas.

Você também deve fazer o que puder para melhorar a impressão que o entrevistador tem de você. Martin Pickering e Simon Garrod estudaram muitas evidências de que as pessoas espelham umas às outras durante interações sociais. Se sorrir, é provável que seus parceiros de conversa também sorriam. Ao se inclinar para a frente, eles vão se inclinar para a frente. Se você se envolve nas coisas com energia, eles também farão isso. Se você projeta entusiasmo, alegria e energia, isso será transmitido ao entrevistador.

Demonstrar ter energia é ainda mais crucial em uma entrevista que em uma interação social qualquer, porque é bem provável que o entrevistador se envolva o dia inteiro (talvez vários dias) em interações com candidatos. Pode ser difícil para o entrevistador se manter envolvido em todas as entrevistas. Se você for o último antes do almoço, pode descobrir que o entusiasmo do entrevistador está instável, e isso talvez o leve a também exibir um baixo nível de energia. Então, use sua energia e envolva o entrevistador.

Por falar em almoço, prepare-se para qualquer refeição que possa fazer durante um processo de seleção. Se tiver restrições alimentares, avise as pessoas que estão coordenando a entrevista com antecedência. Coma devagar. Tudo bem se você comer menos em uma entrevista do que comeria normalmente. E seja cuidadoso com bebidas alcoólicas. Se costuma beber algo com a refeição, siga o que os anfitriões fizerem. E pare em um único copo, independentemente do que eles fizerem.

Seja agradável, mas se mantenha no tipo de interação com que se sente mais à vontade. Se você não costuma tentar ser divertido, não teste seus talentos cômicos pela primeira vez em uma entrevista. Não experimente palavras novas: você pode usá-las incorretamente ou pronunciá-las de um jeito errado. Impressione as pessoas ao ser a melhor versão de si mesmo, não a pessoa que acha que a empresa quer que você seja.

Dito isso, tente atenuar qualquer aspereza em suas interações. Se você tende a ser franco e enfático a respeito de seu setor profissional ou de acontecimentos atuais, convém deixar essas opiniões de lado até depois de ser contratado.

O mais importante é se concentrar no positivo. É fácil entrar em uma espiral de críticas aos outros e comentários depreciativos. Você talvez se sinta forte ao criticar, mas pode dizer algo negativo sobre alguma coisa importante para o entrevistador. O sucesso no trabalho envolve não só identificar problemas, mas criar soluções. Ficar preso em um ciclo de críticas pode ocultar sua capacidade de solucionar problemas. Por fim, quanto mais negativa for a conversa que você tiver com alguém, mais conceitos e sentimentos negativos estarão na mente dela ao falarem com você. Parte dessa negatividade pode se ligar a sua imagem, diminuindo a apreciação em relação a sua pessoa.

Sua meta é ser alguém com quem a empresa deseja passar mais tempo. Você pode argumentar que deveria revelar seu verdadeiro eu, com todos os defeitos. Seus amigos gostam de sua franqueza, de seu senso de humor excêntrico ou de sua tendência a criar silêncios desconfortáveis. E seus colegas podem vir a gostar disso depois de o conhecerem. Mas não é preciso destacar seus pontos fracos interpessoais no primeiro dia.

O CÉREBRO DE JAZZ

Depois de tocar uma nota, ela desaparece

Quando comecei a aprender a tocar jazz no saxofone, eu era muito desafinado. Muito mesmo. Em geral, eu parava depois de errar, sobretudo nas aulas em que queria me exibir. Nesses momentos, meu professor ▶

punha a mão na orelha e dizia: "Está ouvindo? Não! Aquela nota já foi. Agora toque".

Você vai cometer erros nas entrevistas de emprego. Vai responder a uma pergunta não tão bem quanto poderia. Vai ter um branco sobre algo que deveria saber.

Nenhuma empresa está procurando perfeição. O que ela quer é saber como você vai enfrentar a adversidade. Não prejudique o resto da entrevista por causa de um erro no início. As pesquisas a respeito de desempenho sob pressão (em grande parte analisadas no maravilhoso livro *Deu branco!*, de Sian Beilock) sugerem que você começa dando muita atenção a suas ações quando tem muito a perder. Mas você não pode ter uma conversa natural quando se concentra demais em todos os aspectos do que está fazendo.

Quando chegar a uma entrevista, confie em seu preparo. Se cometer um erro, deixe para lá e continue a interagir normalmente com o entrevistador. Você pode pensar sobre como melhorar sua resposta às perguntas depois, quando a entrevista acabar.

O que você deve aprender?

É fácil entrar em uma entrevista concentrado em como o julgarão. Afinal de contas, você tem muita prática em ser avaliado pelos outros. E sabe que, ao fazer um teste, ele se refere a seu desempenho.

As entrevistas, porém, são bidirecionais. Se você chegou a ser entrevistado, a empresa tem interesse em você. Embora você queira impressionar o entrevistador, essa também é a oportunidade que ele tem para lhe mostrar como é trabalhar para essa empresa. Não perca isso de vista.

Por exemplo, Lisa me contou: "Sempre que vou a uma entrevista e existe uma tarefa-surpresa, recuso o emprego. Essas pessoas não respeitam você nem seu tempo". Independentemente de como você se sente em relação a surpresas, o principal aqui é que a empresa mostra algo sobre como trata os funcionários pela maneira como lida com a entrevista.

Parte do que você descobre na entrevista deve vir explicitamente por meio das perguntas que você faz. Consulte todos os recursos possíveis sobre a empresa em que será entrevistado. Antes da entrevista, descubra quais são as coisas positivas e negativas que as pessoas dizem a respeito de trabalhar lá. Vá preparado com perguntas sobre como é ser um funcionário. Esse preparo é valioso porque demonstra que você está seriamente interessado no emprego.

Sem dúvida, respostas específicas para suas perguntas são importantes, mas o modo como são dadas também importa. Se você mencionar uma reclamação que outras pessoas fizeram sobre trabalhar para a empresa, descubra se essas reclamações do passado são levadas em consideração. As *organizações que verdadeiramente aprendem* recebem bem críticas feitas no passado e falam sobre como tentaram melhorar o ambiente de trabalho. As empresas que rejeitam as críticas muitas vezes não estarão dispostas a mudar quando você trabalhar lá.

No entanto, muito do que você pode aprender sobre uma empresa vem da observação da própria entrevista. Pense numa situação em que o entrevistador o surpreende com uma pergunta. Talvez ele questione como você abordaria uma interação específica com um cliente. Você não tem certeza, então faz algumas perguntas para esclarecer e talvez até discuta como o entrevistador lidaria com isso. Você pode achar que arruinou a resposta e acabou com as chances de ser contratado.

Algumas empresas supõem que você já vem equipado com todas as habilidades de que precisa para o trabalho. Outras investem em seu potencial. Elas o veem como alguém que pode trabalhar com os outros e resolver problemas. Se você ainda não domina determinado conhecimento ou uma habilidade específica, eles tratam isso como oportunidade de desenvolvimento futuro. Um entrevistador que franze as sobrancelhas e o menospreza por não saber uma resposta está comunicando que a empresa quer um funcionário pronto desde o primeiro dia. Um entrevistador disposto a se envolver em uma conversa sobre um problema difícil e que ensina durante a entrevista passa a mensagem de que a empresa acredita em estimular as capacidades dos funcionários. Uma de minhas primeiras experiências de entrevista foi para um cargo de vendedor em uma rede de lojas de eletrônicos, quando ainda estava na faculdade. O entrevistador era o gerente regional. Quando ficou claro que eu não sabia muito sobre vendas, ele passou a entrevista me ensinando a interagir com os clientes. E eu consegui o emprego.

Dessa perspectiva, pode ser de fato valioso ter uma interação moderadamente negativa em algum ponto da entrevista. Nem todos os dias no trabalho serão um paraíso. Às vezes, um projeto dá errado ou você comete um erro. As organizações que permitem que você se recupere de um engano durante a entrevista revelam o que acreditam ser responsável pelo sucesso. Para muitas pessoas, uma organização que apoia seu crescimento proporciona um ambiente de trabalho satisfatório. Procure informações durante a entrevista sobre como as organizações lidam com essas situações. Se você não tiver nenhuma interação negativa durante a entrevista, ótimo, mas então faça perguntas sobre oportunidades de treinamento para os funcionários. Fale especificamente sobre o que acontece quando alguém comete um erro. Descubra se o RH oferece um plano de desenvolvimento para aprimorar suas habilidades.

Para maximizar suas descobertas sobre a organização na entrevista, deixe seu cérebro cognitivo a postos. Faça uma lista com os pontos desconhecidos sobre a organização e a leve para a entrevista. Leia a lista antes do começo da conversa para se preparar e absorver as informações ligadas a esses pontos. Faça anotações durante a entrevista, não confie em sua memória. Registre as coisas que o entrevistador disser e que lhe parecerem mais importantes.

Essa lista pode ser especialmente útil se receber uma proposta, porque você terá de negociar os termos de sua posição antes de aceitar ou não o emprego. O Capítulo 4 explora essa parte do processo, mas é importante lembrar que o recrutamento começou de fato com a entrevista.

Depois da entrevista

Terminada a entrevista, não se esqueça de enviar um e-mail agradecendo aos recrutadores. Se estiver entusiasmado com a posição, diga isso. Seu e-mail manterá as linhas de comunicação abertas caso os recrutadores tenham alguma complementação a fazer.

Depois, porém, você precisa ser paciente. Sinta-se à vontade para perguntar durante a entrevista quando a decisão deve ocorrer para ter alguma ideia do que está por vir. Tenha em mente que o processo de preencher uma ou mais vagas em uma organização leva tempo. Não cabe à empresa aliviar sua ansiedade em relação à busca de emprego.

A única hora em que você deve contatar de novo um recrutador enquanto espera é se surgir alguma informação significativa. Vamos supor que você tenha feito um pedido de patente em seu emprego anterior, e a patente acabou de ser concedida. Essa informação pode ser importante para a nova empresa, então você pode enviar uma mensagem com um currículo atualizado. Do mesmo modo, se estiver especialmente interessado em uma vaga e receber outra proposta, pode contar à empresa que está concorrendo a outro emprego e espera saber o resultado antes do prazo.

Porém, é difícil sentar e esperar. O processo de decisão está completamente fora de seu controle depois da entrevista, e isso causa frustração e ansiedade. Seu cérebro motivacional quer ter alguma *função*. É natural desejar reassumir o controle de algum modo. Entretanto, nesse caso é melhor deixar que o processo se desenrole. Se entrar em contato com os recrutadores nesse estágio, você provavelmente só vai incomodá-los, e isso não ajuda sua candidatura.

PONTOS PRINCIPAIS

Seus cérebros

CÉREBRO MOTIVACIONAL

- O estresse diminui a *capacidade da memória de trabalho*.

CÉREBRO SOCIAL

- Cuidado com o *paradoxo do apresentador*. As pessoas fazem a média, não a soma.

- Esteja atento à *tendência egocêntrica*. Você provavelmente superestima sua própria contribuição aos projetos.

- O *efeito halo* acontece quando as pessoas julgam as ações de alguém positivamente porque tiveram uma boa impressão inicial.

- As pessoas espelham umas às outras em interações sociais.

CÉREBRO COGNITIVO

- A *fluência de processamento* é a facilidade com que as pessoas compreendem as informações.

- Existem efeitos de *compatibilidade de tarefa* na escolha: ao rejeitar candidatos, as pessoas se concentram nos aspectos negativos. Ao aceitar candidatos, concentram-se nos aspectos positivos.

- As pessoas querem razões para muitas das escolhas que fazem.

Suas dicas

- Pesquise muito sobre as empresas às quais se candidata.

- Use a mesma linguagem que os recrutadores para melhorar a fluência de processamento.

- Revise seu currículo com cuidado. Evite as razões óbvias para que ele seja rejeitado.

- Concentre-se em mostrar seu melhor lado. Não destaque aspectos medíocres de seu histórico.

- Não menospreze suas realizações, mas seja específico sobre aquilo que fez.

- Se ficar nervoso durante a entrevista, lembre-se de fazer perguntas.
- Esteja preparado para demonstrar as habilidades que destacou no currículo.
- Apresente seu eu profissional autêntico na entrevista.
- Chegue à entrevista com energia e entusiasmo, e o entrevistador vai notar isso.
- Não se preocupe com erros cometidos na conversa. Você pode aprender algo sobre como a organização lida com o erro.
- Vá preparado com perguntas para o entrevistador.
- Depois da entrevista, seja paciente.

4

Da proposta à decisão

Depois de passar pelo processo de entrevista, você receberá um retorno das empresas a que se candidatou. Falando logicamente, só existem duas possibilidades: uma proposta de trabalho ou a notícia de que não conseguiu a vaga. Este capítulo se concentra no período entre receber notícias de uma organização e a decisão de aceitar uma oferta.

Vou, de início, tratar brevemente do que fazer quando você não consegue o emprego que queria. No entanto, a maior parte deste capítulo vai tratar de como negociar com mais eficiência com a empresa e das formas de pensar sobre a decisão.

Primeiro, as más notícias

Seu cérebro motivacional se envolve com metas importantes para você. Para muitas pessoas em busca de emprego, poucas metas são mais importantes que conseguir um trabalho específico. Elas estão profundamente envolvidas com esse processo.

Seu grau de engajamento com tal meta determina a força de sua relação emocional com ela. Se essa reação é positiva ou negativa, vai

67

depender de você ser bem-sucedido ou fracassar. Eu já fui um grande fã de esportes, e, quando o New York Giants perdia um jogo de futebol americano, isso arruinava meu dia. Conforme fui ficando mais velho, meu envolvimento com esportes de modo geral diminuiu. E, hoje, saber que o Giants perdeu um jogo tem no máximo uma influência moderada em meu estado emocional.

Ao saber que não conseguiu um emprego que desejava muito, você terá uma forte reação negativa. Pode ficar triste, ansioso ou com raiva. A experiência emocional específica depende de como avaliar a situação. Como mencionei no Capítulo 2, a emoção é uma interpretação dos sentimentos. Você ficará triste se estiver focado principalmente na oportunidade que perdeu. Ficará ansioso se seu foco estiver na necessidade de conseguir um emprego. Você ficará com raiva se pensar que alguém (talvez o recrutador) fez alguma coisa injusta no processo de tomada de decisão.

Por exemplo, tive uma conversa com dois colegas que se candidataram a vagas em nossa universidade. Ambos foram rejeitados e, previsivelmente, ambos tiveram uma resposta negativa. Um colega se concentrou na oportunidade perdida e, assim, ficou triste e desapontado por algum tempo depois de receber a notícia. O outro achou que o comitê de contratação tinha deixado de reconhecer um compromisso constante com a universidade. Esse colega sentiu muita raiva do comitê e da universidade. A mesma situação pode levar a reações emocionais muito diferentes, dependendo da interpretação do que aconteceu.

Ao saber que não conseguiu um emprego, sua reação inicial pode ser fazer algo a respeito.

Não faça isso.

Quando você sente algo intensamente negativo em relação a determinado resultado, muitas ações podem lhe parecer razoáveis naquele momento. Você pode ter vontade de mandar um e-mail ou dar um telefonema. Pode ter vontade de reclamar em alto e bom som para muitas pessoas e dizer que a vaga devia ser sua.

Essas reações provavelmente não o ajudarão a conseguir um emprego (nessa organização ou em qualquer outra) no longo prazo. E, quando se trata de uma carreira, você precisa estar disposto a pensar no longo prazo.

Então, a primeira coisa a fazer é dar a si mesmo a chance de se acalmar. Faça ginástica ou vá dançar para liberar energia. Faça ioga ou medite. Tenha uma boa noite de sono antes de fazer qualquer coisa.

Uma boa razão para não reclamar muito é que você nunca sabe se as coisas que disser podem chegar à empresa, e não convém fechar portas. Fui entrevistado na Universidade do Texas em 1993, e, embora minha entrevista tenha sido bastante boa, o cargo foi oferecido a outra pessoa. Mantive meus contatos com o departamento e, cinco anos depois, quando outra vaga foi aberta, fui convidado a me candidatar. Trabalho lá há mais de vinte anos.

Depois de tirar um tempo para se acalmar, pense se vale a pena entrar em contato com a empresa que o rejeitou. Se os candidatos eram muitos, isso pode não ser útil, porque é provável que os recrutadores não se lembrem de você. No entanto, se sentir que estabeleceu uma conexão com os recrutadores (e estava muito interessado no emprego), pode valer a pena reiterar seu interesse e pedir algum feedback sobre como poderia melhorar em entrevistas futuras.

Ao perguntar sobre maneiras de melhorar, você não diz que o recrutador cometeu um erro, mas demonstra que está interessado em melhorar no que faz. Algumas vezes, você pode receber feedback útil dessas interações. Na pior das hipóteses, terá lembrado o recrutador de que está muito interessado. Na verdade, meu filho mais velho (mencionado no Capítulo 1) a princípio foi rejeitado pela empresa em que acabou indo trabalhar. Ele entrou em contato e pediu feedback porque achou que a entrevista tinha sido muito boa. Durante o telefonema, o recrutador decidiu chamá-lo para uma segunda entrevista e, então, o contratou.

O principal é lembrar que todas as interações com a empresa afetam sua rede social. Convém aumentar o número de pessoas que têm uma opinião positiva de você e diminuir ao máximo o número das que não têm. É especialmente importante ter isso em mente quando sentir emoções negativas intensas.

Hora de negociar

E então chega o dia em que você recebe um telefonema dizendo que foi aprovado para a vaga. Você ainda terá uma reação intensa, mas provavelmente será de felicidade, alegria e empolgação – talvez junto com nervosismo.

Você tem algumas tarefas a fazer antes de estar pronto para assinar o contrato. Você precisa negociar os termos do emprego. As possibilidades de negociação são maiores nesse ponto inicial. A empresa disse que quer que você trabalhe lá, e agora está no modo "recrutamento". Depois de aceitar o emprego, você não terá o mesmo poder de negociação, a não ser que fique claro que você pode acabar indo para outra empresa ou que seu desempenho esteja tão bom que seu empregador decide recompensá-lo. Então, essa é a hora de criar uma situação que o ajude a alcançar suas metas.

A primeira coisa a fazer é engajar seu cérebro cognitivo e se preparar para a negociação.

Como corrigir a assimetria de informação

A principal dificuldade na negociação é a assimetria de informação entre você e a empresa contratante. Você conhece suas necessidades e o que aceitaria como salário, benefícios, data de início, bônus e férias. A empresa sabe quem tem como reserva caso a negociação com você não vá bem, quanto costuma pagar para cargos como esse e de que forma valoriza os funcionários, seja por meio de bônus de fim de ano, comissão para vendedores e benefícios. A não ser que sua oferta venha de uma empresa bem pequena, as empresas têm muito mais experiência em negociar os termos de emprego que você. Isso significa que sua primeira tarefa é reduzir a assimetria de informação, descobrindo o máximo que puder sobre a empresa.

Para superar essa assimetria, assuma uma postura sistemática ao se preparar para a negociação. Não confie em sua intuição sobre quando está pronto. Muitas pesquisas sobre o *nível de construção mental* sugerem que coisas distantes em termos de tempo, espaço ou relacionamentos sociais são concebidas de maneira mais abstrata que coisas próximas.

Quando está distante do trabalho real da empresa, você tende a se concentrar nos elementos aparentemente mais importantes da proposta de emprego, como salário e tempo de férias. Porém, muitos detalhes específicos sobre um cargo que podem não parecer essenciais a distância vão se tornar importantes quando você se tornar um funcionário. Esses detalhes vão desde o espaço onde vai trabalhar (escritório, baia, mesa compartilhada), compensação (plano de previdência, estrutura de bônus), plano de carreira (mentoria, benefícios educacionais), horário (flexibilidade, trabalho no fim de semana, horas extras) ou despesas de mudança, se você tiver de se mudar para assumir o emprego.

Comece listando todas as perguntas sobre o pacote a considerar. Depois de elencar suas perguntas, mostre-as a outras pessoas para ter certeza de que não esqueceu nada importante.

Então, responda a essas perguntas. Talvez você saiba como abordar algumas delas a partir de sua experiência, mas verifique também outras fontes. Procure conexões no setor (ou, ainda melhor, dentro da empresa que lhe ofereceu o emprego) e saiba como empresas similares estruturaram pacotes de compensação. As pessoas talvez não queiram revelar exatamente quanto ganham, mas você pode descobrir como a compensação e os benefícios são definidos. Muitas empresas querem dar destaque ao que oferecem, e, assim, você também pode perguntar ao recrutador. Como será discutido em breve, só porque está negociando com as pessoas, não quer dizer que elas sejam como adversários.

Em seguida, determine o que pretende conseguir na negociação. Comece avaliando suas necessidades. De quanto dinheiro você (e os outros que dependem de sua renda) precisa para sobreviver (e prosperar) no local onde for morar para trabalhar nesse emprego? Quais aspirações você tem que podem mudar esse valor durante os próximos anos? Se você e seu(sua) companheiro(a) falam sobre ter filhos, por exemplo, leve isso em consideração. Você será capaz de economizar algum dinheiro para emergências e objetivos futuros?

Pense no horário de trabalho que considera ideal. Você pode se sentir mais confortável com o horário comercial tradicional. No entanto, outras paixões podem influenciar seu ideal. Como toco em uma banda, conheço muitos músicos. Muitos deles têm empregos que se adaptam ao fato de tocarem tarde da noite, como é típico de quem se apresenta ao vivo. Um deles, por exemplo, é padeiro, então trabalha em um turno que começa às três da manhã, e ele sai de uma apresentação tardia direto para o trabalho. Outros têm empregos que começam às dez da manhã e, assim, podem dormir um pouco depois de um show.

Você também precisa priorizar diversos aspectos da proposta. Quais fatores não são negociáveis? Quais está disposto a negociar? Determine suas flexibilidades ao se preparar para a negociação. Talvez você esteja disposto a negociar um pouco do salário em troca de um bônus de contratação que cubra as despesas de mudança para a nova cidade. Não espere a negociação para pensar sobre as trocas que está disposto a fazer. Quando a negociação começar, você vai se sentir pressionado a chegar a um acordo e pode fazer concessões das quais se arrependerá.

Essa é a hora de obter informações específicas. Qual é a faixa de salário para posições como a que você vai ocupar? Muitos sites de emprego indicam os pacotes típicos para posições similares, e muitos deles também detalham essas faixas por região para levar em conta os fatores relacionados ao custo de vida.

Se conhecer pessoas no setor, elas podem lhe dar informações valiosas, especialmente se sua pesquisa on-line não revelar nenhum cargo claramente comparável ao que você vai assumir. Eu estava falando com D (ele de fato usa esse nome), que se aposentou de uma bem-sucedida carreira militar depois de trinta anos e decidiu procurar emprego no setor privado. Ele recebeu uma proposta de uma grande empresa de consultoria para gerenciar um projeto para uma base militar. No entanto, D conhecia o principal contato da base militar, então conseguiu informações sobre o tamanho e o escopo do contrato que lhe deram argumentos para a solicitação de salário, que foi aceita.

O objetivo de todo esse esforço é minimizar o que você terá de negociar sem conhecer a vaga. É bom saber quais aspectos da proposta são negociáveis e definir suas necessidades básicas.

O que é negociação?

Antes de negociar com eficácia, você precisa entender o que é uma negociação e como pensar sobre o resultado ideal.

A negociação é uma maneira de resolver um suposto *conflito de interesses*, ou seja, qualquer situação em que os objetivos das duas partes são diferentes. Um funcionário quer receber o salário mais alto possível, enquanto um empregador quer minimizar custos. Eu disse "suposto" nessa acepção porque, em muitas situações, uma das partes faz suposições sem comprovação sobre o que as outras partes querem. Uma empresa pode desejar que seus funcionários estejam felizes e, assim, estar disposta a pagar consideravelmente mais que o mínimo para contratar e manter os talentos.

A maioria das pessoas começa a negociar com um contexto metafórico implícito. Metáforas são maneiras de falar sobre um universo específico usando termos mais comuns a outro campo. Por exemplo, você poderia dizer: "Sarita atacou os argumentos de Juan até que ele batesse em retirada". Desse modo, fala sobre uma discussão como se fosse uma guerra.

Usar metáforas em uma situação muitas vezes afeta o modo como você julga o sucesso e o fracasso. Pensar sobre uma discussão como uma guerra supõe que, se não persuadir o outro lado a concordar com sua posição, você perdeu. Nesse contexto, chegar a um entendimento mútuo em uma questão complexa não será considerado um resultado positivo.

O contexto metafórico dominante para a negociação tem dois lados sentados frente a frente com o acordo em algum ponto da mesa diante deles. Se o acordo se aproxima de uma das partes, ele necessariamente se afasta da outra. Como resultado, os dois lados estão envolvidos em um cabo de guerra, em que cada um tenta conseguir o máximo de concessões do outro. Nessa visão, a negociação é fundamentalmente competitiva, e, se um lado está vencendo, o outro está perdendo.

Uma consequência é que cada parte se preocupa que a outra tente se aproveitar de cada informação que conseguir. Assim, as partes muitas vezes ocultam informações sobre o que querem ou precisam, supondo que essa assimetria de informação cria poder para si na negociação.

Vale a pena considerar um contexto metafórico alternativo para negociações em contextos de emprego. Pense em caminhar lado a lado com seu parceiro de negociação em uma bela paisagem. O acordo negociado está em algum lugar lá fora, e a única restrição é que vocês precisam chegar lá juntos.

Nesse contexto, a negociação é mais como uma resolução conjunta de problemas que algo a ser vencido. Essa abordagem abre situações com potencial vantajoso para ambos os lados, em que as duas partes têm o mesmo objetivo. Por exemplo, você talvez queira tirar dois meses de folga para viajar antes de começar no novo emprego. Seu potencial empregador vai construir um novo escritório e quer que você comece em alguns meses. Se achar que os objetivos do outro lado são opostos aos seus, talvez você não peça exatamente o que quer, por medo de que a outra parte se levante da mesa. Você pode chegar a um acordo que, na verdade, é pior para ambos.

Além disso, ao tratar uma negociação como uma oportunidade de caminhar lado a lado, você revela informações sobre suas necessidades e seus desejos. Seu parceiro de negociação não tem como ajudar você a atingir seus objetivos sem saber quais são eles. Talvez seu parceiro não possa lhe dar o que você quer do jeito que você quer, mas possa fazer isso de outra forma.

Por exemplo, Suzanne estava negociando uma vaga na área de vendas. Ela esperava chegar a um salário anual de seis dígitos. A empresa estava com pouco dinheiro disponível para oferecer isso como base, mas se dispôs a aumentar a comissão até o ponto em que um bom desempenho permitiria que Suzanne alcançasse sua meta. Trabalhar juntos permitiu que as duas partes chegassem a um acordo que não teria acontecido se não tivessem sido claras sobre objetivos e restrições.

O ponto essencial aqui é que a assimetria de informações sobre seus objetivos verdadeiros não ajuda na negociação com um empregador em potencial Se você quer ou precisa de alguma coisa, diga. Se aquilo que você quer ou de que precisa for incompatível com as metas e os valores da empresa, e lhe disserem isso, você terá aprendido algo valioso. Muitas vezes, no entanto, o empregador em potencial tem opções que você não conhece para alcançar seus objetivos de maneiras que você nem pensou. E você só saberá isso se contar a ele o que realmente quer.

Iniciando a negociação

Como começar a negociação?

Uma das principais descobertas da psicologia nos últimos cinquenta anos é a heurística de ancoragem e ajustamento esboçada por Amos Tversky e Daniel Kahneman. A ideia é bem simples. Ao tentar definir o valor de alguma coisa, as pessoas fixam um número em seu ambiente mental. Elas podem saber que esse número está errado e, assim, o ajustam na direção que consideram correta. Porém, muitas vezes o ajuste é insuficiente, e, em consequência, o item é mal avaliado.

Citando um exemplo breve, fora do domínio do valor, imagine que alguém lhe pergunte em que ano George Washington foi eleito presidente dos Estados Unidos. O ano em que a Declaração de Independência foi assinada, 1776, é uma forte âncora histórica. Você sabe que Washington só pode ter sido eleito depois disso, então faz um ajuste. Porém, é provável que esse ajuste seja insuficiente, em parte porque a Guerra de Independência foi muito mais longa que a maioria dos conflitos recentes. Você pode achar que demorou seis anos e, assim, responder que Washington foi eleito em 1783. Na verdade, a Convenção da Filadélfia só foi realizada em 1787, e Washington foi eleito presidente em 1789.

Nas negociações, os primeiros números que você vê ou ouve podem ancorar a discussão a respeito dos valores principais pelo resto do processo. Durante uma negociação, fique atento aos números que você possa estar usando como âncoras e tome cuidado para não se prender demais a eles. Connor, experiente recrutador, fala sobre um erro que muitos candidatos recém-formados costumam cometer. Eles olham para a faixa de salário informada pela empresa ao anunciar uma vaga, colocam a âncora no máximo da faixa e ficam bravos se a empresa tenta negociar um valor menor. E podem rejeitar uma oferta pensando que a empresa quer se aproveitar deles.

É importante entender a função de uma faixa de salário. O limite máximo diz aos funcionários experientes se essa vaga é uma promoção potencial em relação a seu cargo atual, algo que pode ser difícil de descobrir apenas pela descrição do emprego. Um limite máximo anual de $ 48 mil diz a alguém que já ganha $ 52 mil que a vaga provavelmente não é boa para ele.

O limite mínimo da faixa mostra o que a empresa espera pagar a alguém com pouca ou nenhuma experiência; por exemplo, um recém-formado. Fixar-se no máximo da faixa quando você não tem experiência provavelmente vai deixá-lo insatisfeito. Ancore-se no limite inferior e ajuste para cima para alcançar o salário que você deseja.

Outra fonte de âncoras na negociação pode vir de ter uma proposta de trabalho na manga. No jargão de negociação, essa outra proposta é uma Batna, sigla em inglês para "melhor alternativa a um acordo negociado". Se sua negociação com essa empresa não der certo, qual é a alternativa? Se tiver outra proposta em mãos, a alternativa é aceitá--la. Se não tiver, a melhor alternativa é retomar a busca por emprego.

Obviamente, é mais confortável negociar com uma empresa quando você já tem outra proposta, porque você sentirá que vale até correr algum risco nas negociações. Também é natural usar a proposta que você tem como âncora; em outras palavras, ajustar para cima o salário oferecido pela primeira empresa.

Ao adotar essa estratégia, porém, você pode, sem querer, deixar dinheiro na mesa. A empresa pode estar disposta a lhe pagar muito mais do que você pediu. Então tenha certeza de conhecer a faixa salarial para o cargo. Não se ancore em sua Batna, porque você tem a chance de obter um resultado muito melhor.

Finalmente, dê atenção ao modo como você contextualiza sua âncora e como os números estão contextualizados quando forem apresentados. Suponhamos que você peça um salário anual de $ 51 mil. Essa âncora comunica que você espera que a negociação se concentre no menor dígito que não seja zero. Você espera uma contraproposta de $ 48 mil. Observe, porém, que está falando sobre uma quantia significativa, porque $ 3 mil anuais representam $ 250 mensais. Isso paga algumas idas ao supermercado e uma noitada.

Em vez disso, imagine que você peça $ 51.400. Agora você está comunicando que espera negociar centenas, e não milhares de dólares. A pesquisa de Adam Galinsky e seus colegas indica que os negociadores são sensíveis a essas âncoras mais específicas, contanto que você não exagere. (Pedir um salário anual de $ 51.432,04 não vai provocar uma resposta específica.) Tente uma âncora que esteja um nível abaixo do que sua intuição lhe diz para pedir. Isso pode limitar a gama de contrapropostas que você receberá e colocá-lo bem onde deseja estar.

Ouvir e aprender

Um tema deste livro é que seu cérebro social pode ajudá-lo a aprender muito sobre seu empregador potencial. Isso sem dúvida é verdade no processo de negociação. Uma disposição para negociar e procurar soluções para os impasses diz muito sobre a flexibilidade que a empresa demonstra e sobre a possibilidade de buscar soluções inovadoras para os problemas depois de você começar a trabalhar lá.

Heather me contou sobre uma experiência que teve como recrutadora contratada por uma empresa de alta tecnologia para procurar uma assistente executiva para o CEO. Ela encontrou a candidata perfeita, que pediu um salário anual de $ 65 mil. Citando as diferenças de custo de vida entre as cidades, a empresa fez uma contraproposta de $ 55 mil. A candidata não quis aceitar menos do que recebia no emprego anterior e se manteve firme nos $ 65 mil. A empresa chegou a $ 57.500, com uma promessa de um bônus de $ 7.500, mas não foi específica quanto aos critérios necessários para conseguir o bônus. A candidata estava preocupada que isso significasse uma falta de respeito pelo talento e pelo conhecimento dela. Decidiu aceitar o emprego, mas saiu logo depois, porque sua experiência na empresa refletiu o que aconteceu durante a entrevista.

Algumas informações que você terá sobre uma empresa serão positivas, claro, mesmo que ela não lhe dê tudo o que você pediu. Connor, que já mencionei em uma história anterior, apontou que muitos candidatos que pedem salários no limite máximo da faixa mesmo sem ter experiência relevante no setor não entendem quanto vão precisar aprender para desempenhar suas tarefas corretamente. A empresa dele fala aos candidatos sobre a quantidade de treinamento oferecida durante os primeiros anos para ajudá-los a se sair bem na função.

Os candidatos valorizam esse estímulo de desenvolvimento se reconhecerem que a empresa investe em seu futuro – se aprenderem, poderão obter um salário mais alto nessa ou em outra empresa. Os candidatos que se concentram apenas no salário recusam a empresa de Connor. Muitos são contratados por empresas que não oferecem um pacote de treinamento tão generoso.

Quando você começa a negociar com uma organização, é útil ter um mentor para aconselhá-lo sobre como interpretar a situação. Há um bom motivo que justifique o fato de seu salário ser mais baixo do que você gostaria? Por que a empresa não pode ser flexível em relação ao descanso remunerado? Quando não consegue o que deseja em uma negociação, você pode culpar a empresa e supor que alguma coisa a torna pouco cooperativa. É importante saber se você está deixando de lado algo crucial que poderia esclarecer por que suas exigências não são razoáveis. Um colega mais experiente pode ajudá-lo a ler as pistas depois de uma negociação que não correu exatamente como você esperava.

Pensar e agir na hora certa

Uma linha de pesquisa iniciada por Arie Kruglanski e Tory Higgins está baseada na observação de que o cérebro motivacional tem um modo *pensar* e um modo *agir*. No modo pensar, você processa informações sobre uma situação. Considera as opções e elabora os problemas. No modo agir, você se prepara para a ação. E fica impaciente quando é impedido de progredir em algo. As metáforas capturam essa distinção: nós falamos sobre *dar um passo atrás* para refletir mais ou *ir em frente* com um plano.

Durante uma negociação, você precisa prestar atenção a esses modos. Enquanto ainda tenta melhorar o acordo, convém permanecer no modo pensar. Você procura maneiras de fazer que mais necessidades suas sejam supridas. Quando sentir que conseguiu o melhor acordo possível, convém passar para o modo agir a fim de chegar a um contrato e assinar na linha pontilhada.

Idealmente, é assim que deveria ser.

Contudo, os recrutadores podem manipular as situações para influenciar seu modo motivacional. Dar um prazo para uma oferta é um modo de incentivar a ação. Quanto mais perto do fim estiver o prazo, mais pressão você sentirá para agir em vez de pensar.

No entanto, também pode-se negociar o prazo. Os empregadores sentem a pressão do tempo. Vários candidatos esperam uma resposta, e alguns podem ser contratados pela empresa caso você não aceite a vaga. Ao mesmo tempo, os empregadores querem que você se comprometa totalmente com o emprego que aceitar, para que não o percam alguns meses depois quando uma oportunidade melhor aparecer.

Você pode pedir uma extensão de prazo se precisar. Logo que concluí o doutorado, estava procurando uma vaga no mundo acadêmico e recebi uma oferta da Universidade de Illinois, em Chicago. Cerca de uma semana antes de eu precisar tomar uma decisão sobre essa proposta, fui chamado para uma entrevista na Universidade Columbia. Entrei em contato com Illinois e pedi uma prorrogação do prazo. Eles concordaram, porque não queriam que eu aceitasse a vaga sob pressão. No fim das contas, fui trabalhar na Columbia, e Illinois contratou outra pessoa.

Além das circunstâncias, os pensamentos podem influenciar seu modo motivacional. A busca por emprego é estressante porque envolve muita incerteza. Você pode querer acabar logo com isso. Se pular direto para o modo agir, talvez se candidate a todo tipo de emprego e fique tentado a aceitar a primeira proposta que surgir em vez de se manter no modo pensar e esperar antes de responder a uma oferta que não é a ideal para você.

Esse é outro momento em que ter alguém para aconselhá-lo pode ser útil. Quando o mercado de trabalho está bom, você não precisa agarrar a primeira proposta que aparece. Pode ser difícil se manter motivado em um emprego que não combine com você. E, se o salário e os benefícios não suprirem suas necessidades, você logo terá de procurar outro emprego. Um bom mentor pode ajudá-lo a decidir quando seria mais interessante esperar uma oferta melhor.

> ### O CÉREBRO DE JAZZ
>
> ## Ouça para se inspirar
>
> Os grandes músicos de jazz tornam suas apresentações ao vivo ainda melhores quando tocam com outros músicos que os inspiram. Eles estão constantemente ouvindo uns aos outros de maneiras que podem influenciar as notas, o ritmo ou o estilo que tocam. Esses momentos de interação entre os músicos distinguem as grandes apresentações de jazz das que são apenas boas.
>
> Da mesma forma, você precisa de fato ouvir o que lhe dizem durante as negociações, a fim de encontrar soluções para conflitos que podem surgir. Muitas vezes, as pessoas negociam com um roteiro em mente. Elas querem determinado salário, então pedem 15% a mais que isso e esperam negociar para baixo até o salário desejado. A empresa pode, então, discutir outras dimensões da oferta antes de fazer uma contraproposta de salário. É fácil se fixar no pedido feito em vez de ouvir com cuidado o que a empresa oferece.
>
> Em muitos casos, o sucesso de uma negociação depende de concessões entre dimensões quando cada parte dá pesos diferentes a elas. Às vezes, você consegue exatamente o que quer nas dimensões mais importantes, contanto que esteja disposto a ceder em alguma coisa que não lhe é tão importante. Se não estiver muito preocupado com a data de início, por exemplo, pode estar disposto a adiá-la um pouco em troca de mais descanso remunerado.
>
> Só de ouvir o modo como os recrutadores falam sobre os aspectos da oferta é possível perceber exatamente quais são as suas prioridades.

Tomar uma decisão

Em algum momento, é preciso decidir. Esse emprego é para você? Por enquanto, vou me concentrar nas escolhas de quando não se está empregado, embora muito do que vem a seguir também se aplique quando você tem um emprego e está procurando outro. No Capítulo 9, discuto algumas outras questões específicas da decisão de mudar ou não de emprego.

Um grande fator nessa decisão é se o cargo supre um número significativo de necessidades suas. Antes de mais nada, qual é o propósito de procurar emprego? No Capítulo 2, falei sobre o papel dos valores na escolha das vagas às quais você se candidata. Reveja esses valores. Esse emprego de fato se alinha com eles? Ele oferece aquilo de que você precisa – seja a possibilidade de progredir em uma carreira, sejam recursos ou a flexibilidade para buscar outras paixões?

Vale lembrar que o contexto da escolha não é o mesmo de quando se começa a trabalhar. Você pode contar com a sorte de ter mais de uma proposta em mãos. Se isso acontecer, talvez se sinta tentado a comparar empregos. Um deles pode oferecer um salário mais alto. Outro pode oferecer mais treinamento ou lhe dar um horário mais flexível. Certamente, comparar os dois empregos traz informações que podem ser valiosas. Mas a comparação também distorce as informações que você usa.

Para ver como isso pode acontecer, precisamos mergulhar um pouco mais fundo no processo de *alinhamento estrutural* que seu cérebro cognitivo usa para fazer comparações. Dedre Gentner e eu pesquisamos esse processo desde que eu era aluno de graduação no laboratório dela, muitos anos atrás.

Ao comparar dois itens, você começa procurando todos os pontos em comum entre eles. Alguns podem ser aspectos específicos idênticos. Os dois empregos oferecem duas semanas de férias, por exemplo. Outros aspectos podem ser dimensões – por exemplo, os dois empregos lhe darão um salário, mas um deles pode pagar mais que o outro. Como essas diferenças requerem um ponto em comum, isto é, ambos oferecem salários, elas são chamadas de "diferenças alinháveis". A pesquisa sugere que, quando fazem comparações, as pessoas se concentram nas diferenças alinháveis, porque os pontos comuns entre as opções não são muito úteis para decidir.

Contudo, alguns elementos de uma opção podem não ter correspondência na outra. Por exemplo, um emprego pode oferecer verba para educação continuada, enquanto o outro, não. Elementos que são específicos de um item são chamados "diferenças não alinháveis". Os estudos demonstram que as comparações dão pouca ênfase às diferenças não alinháveis. Isso significa que você pode desconsiderar um aspecto específico de uma das opções na hora de fazer a escolha, mesmo que esse aspecto se torne importante depois.

Assim, em vez de apenas comparar as opções, concentre-se nelas individualmente. Imagine-se trabalhando em cada empresa. Pense em suas experiências, como a entrevista ou uma visita à sede do grupo. Isso o ajudará a imaginar como será estar no emprego.

Claro, mesmo se notar uma diferença não alinhável, você ainda pode deixá-la de lado por não ter certeza de como avaliá-la. Será que ter $ 2 mil em benefícios de educação continuada é bom ou ruim? Se isso fosse alinhável com a outra proposta, seria mais fácil de determinar. Afinal de contas, um benefício de $ 5 mil é claramente melhor que um de $ 2 mil. Você precisa de um pouco mais de conhecimento para determinar o valor real dos aspectos não alinháveis de uma proposta. Esse é outro ponto em que a ajuda de um especialista pode ser útil.

Razões e reações

Ao considerar as opções, você provavelmente envolverá tanto seu cérebro cognitivo intuitivo quanto seu cérebro cognitivo mais deliberativo. Daniel Kahneman popularizou a terminologia usada primeiro por Keith Stanovich e Richard West, que chamaram o cérebro cognitivo intuitivo de "sistema 1" e o cérebro cognitivo deliberativo de "sistema 2".

As pessoas tendem a se concentrar no sistema deliberativo para tomar decisões. Diversos estudos revelam que, com frequência, elas escolhem uma opção específica porque é fácil justificar a escolha. E as muitas razões que você cria para tomar uma decisão profissional sem dúvida são importantes. Você deve mesmo dar atenção a todos os prós e os contras de cada opção que tem.

Ao mesmo tempo, seus sentimentos importam. A pesquisa de Tim Wilson e seus colegas sugere que as reações emocionais diante das opções muitas vezes oferecem mais informações que as razões elaboradas. Uma boa razão é compacta e fácil de articular, mas suas emoções atravessam muitas facetas diferentes de uma escolha. Além disso, as razões tendem a se concentrar em coisas sobre as quais é fácil falar, como salário, benefícios e férias. Suas reações emocionais podem ser difíceis de colocar em palavras. Se fez uma visita ao escritório, pode ter sentido uma boa ou má vibração ali. Talvez você reaja à tensão entre os empregados de maneira difícil de descrever. Você tem uma sensação ruim, mas não sabe o motivo.

Não ignore essas reações. Se tiver alguma preocupação a respeito de uma empresa específica, tente obter mais informações para entendê-la. Fale com os funcionários. Leia artigos em sites de emprego e opiniões de funcionários atuais e ex-funcionários. Apresento um programa semanal de rádio e um podcast chamado *Two Guys on Your Head* [Dois caras na sua cabeça] com Bob Duke. Bob gosta de dizer que a decisão deve parecer boa e proporcionar uma boa sensação. Há muita sabedoria nisso. Se as razões que você tem para uma escolha e suas reações emocionais não combinam, tente, antes de prosseguir, descobrir por que isso acontece.

Coerência difundida

Quando você tende a uma escolha específica, dois fatores influenciam essa inclinação. Primeiro, você se envolve no raciocínio motivado. Isto é, seu cérebro motivacional começa a interpretar informações de um modo que é consistente com o resultado esperado. Você entende as informações potencialmente ambíguas de modo que combinem com o que deseja. Se ouviu vários boatos sobre as empresas que está considerando, a tendência será acreditar naqueles que são coerentes com o resultado que deseja.

Em segundo lugar, como a pesquisa sobre tomada de decisão feita por Jay Russo e seus colegas demonstrou, seu cérebro cognitivo passa a prestar atenção às informações coerentes com suas preferências atuais e desconsidera os aspectos negativos da escolha desejada e os aspectos positivos das outras escolhas. Consequentemente, o resultado desejado parece ser ainda melhor do que é na realidade. Esse mecanismo cria uma *coerência difundida* das crenças. Com o tempo, as pessoas passam a ver a própria preferência como a única escolha possível.

É importante estar ciente de que isso está acontecendo, sobretudo se receber alguma informação negativa sobre um potencial empregador. Você pode ficar tentado a deixar essa informação de lado.

Para garantir que está levando em conta as informações que representam um conflito com sua tendência cada vez maior, documente sistematicamente as informações a respeito das opções. Se visitar um potencial empregador, não confie em sua memória – faça anotações imediatamente depois dessa experiência sobre suas impressões e qualquer informação específica que receber de recrutadores ou funcionários atuais. Do mesmo modo, faça anotações sobre a entrevista e outros contatos com recrutadores. Arquive todos os e-mails das pessoas da empresa e leia-os enquanto toma a decisão.

A coerência difundida de uma escolha afeta principalmente sua memória e sua atenção. Auxílios externos como listas e e-mails podem garantir que você não esqueça informações importantes.

Não olhe para trás

Depois de fazer uma escolha, o caminho está dado. Siga em frente.

Você pode ficar tentado a comparar sua escolha com as opções que rejeitou. Não se ganha nada com isso. Sem dúvida, você deixou de lado algumas coisas boas ao rejeitar outras opções em favor da que escolheu. No entanto, o sucesso de sua carreira agora está ligado a essa opção.

Mesmo que tenha se equivocado na escolha, não permita que isso o desmotive. Sua capacidade de impressionar as pessoas com quem trabalha começa com seu compromisso em relação à empresa e à missão. Então, depois de fazer uma escolha, assuma-a plenamente. Você não está casado para sempre com esse emprego nem com essa empresa, mas está ligado a eles no momento. Na Parte II, vou falar sobre alguns dos principais fatores de sucesso no emprego.

Dizendo não

Você pode ter a sorte de contar com mais de uma opção. Nesse caso, vai decepcionar alguém ao recusar uma proposta. Ao dizer a um empregador potencial que você não vai aceitar a vaga, tenha duas coisas em mente.

Em primeiro lugar, tente não deixar a dificuldade de recusar uma proposta afetar sua decisão. Seu cérebro motivacional pode entrar em modo evasivo ao ser confrontado com ações de que você não gosta. Se um empregador potencial foi muito gentil, você pode se sentir mal ao recusar a vaga. Como vou discutir mais detalhadamente no Capítulo 6, de modo geral é difícil dar más notícias. O emprego que você está pensando em recusar pode parecer mais atraente. Afinal de contas, se encontrar uma razão para dizer "sim", não será necessário ligar para a empresa e dizer "não".

É aí que você precisa ter uma visão ampla dos relacionamentos profissionais que está desenvolvendo. Os empregadores potenciais sabem que estão competindo por seus serviços. Embora você não vá recusar muitos empregos durante a vida, os recrutadores estão acostumados a ouvir "não" o tempo todo. Em geral, eles não levam para o lado pessoal. (Se fizerem isso, a empresa deles provavelmente não é um bom lugar onde trabalhar, porque colocam os próprios objetivos na frente dos seus.) Você precisa tomar a melhor decisão para sua carreira, independentemente dos desejos da empresa a que se candidatou.

Em segundo lugar, como ocorre com outros aspectos do processo de recrutamento, o modo como você recusa uma proposta afetará sua rede social. Seu objetivo é negar uma oferta de emprego específica e, ao mesmo tempo, manter uma reputação positiva dentro da empresa.

Se você desenvolveu uma relação pessoal com os recrutadores, recuse o emprego com um telefonema, não por e-mail. Você pode achar atraente a distância social proporcionada pelo e-mail, mas é melhor fazer uma conexão direta. Agradeça aos recrutadores o tempo dedicado e o interesse. Se foi difícil tomar a decisão, diga isso a eles. Você provavelmente vai encontrar pessoas dessa empresa de novo no decorrer de sua carreira. Você até pode querer trabalhar lá um dia. Manter um relacionamento cordial vai deixar a porta aberta para o futuro.

PONTOS PRINCIPAIS

Seus cérebros

CÉREBRO MOTIVACIONAL

- A intensidade de sua reação emocional está relacionada à força de seu engajamento com um objetivo.
- Você tem um modo de pensar motivacional e um modo de agir motivacional.
- O resultado desejado influencia o peso que você dá às novas informações.

CÉREBRO SOCIAL

- Existe uma *assimetria de informação* na negociação. A empresa sabe muitas coisas que você desconhece.
- Pode ser desconfortável dizer "não" a outras pessoas.

CÉREBRO COGNITIVO

- A *teoria do nível de construção mental* diz que, quanto mais distante está de algo no tempo, espaço ou distância social, mais abstratamente você pensa sobre isso.
- As metáforas moldam o modo como pensamos sobre as coisas.
- O alinhamento estrutural o leva a se concentrar nas diferenças alinháveis entre as opções, não nas diferenças não alinháveis. As diferenças

não alinháveis também são mais difíceis de avaliar que as alinháveis, mesmo quando você as nota.

- *Ancoragem e ajuste* é uma estratégia de decisão pela qual você ancora em um número e depois faz ajustes, afastando-se dele na direção do número desejado. Muitas vezes as pessoas não ajustam suficientemente.
- Seu cérebro cognitivo tem um aspecto intuitivo (sistema 1) e um aspecto deliberativo (sistema 2).

Suas dicas

- Não aja imediatamente depois de saber que você não conseguiu um emprego que queria. Dê a si mesmo tempo suficiente para se acalmar.
- Se não conseguir a vaga, sinta-se à vontade para perguntar aos recrutadores como poderia melhorar.
- Faça muitas perguntas e muita pesquisa para se preparar para uma negociação. Peça informações sobre a empresa para pessoas que trabalham nela (ou trabalharam) a fim de reduzir a assimetria de informações.
- Esteja preparado para negociar todos os elementos que são importantes para você.
- Trate as negociações como exercícios de resolução de problemas em grupo, não como competições.
- Perceba os números no ambiente de negociação que podem funcionar como âncoras. Não deixe que sua Batna seja uma âncora.
- Você pode descobrir muitas coisas sobre uma empresa pelo modo como ela negocia com você.
- Manipule os modos *pensar* e *agir* na negociação. Permaneça no modo pensar quando não tem um acordo favorável. Passe para o modo agir quando estiver contente com o acordo obtido.
- As boas decisões devem parecer certas e proporcionar uma boa sensação.

- Evite simplesmente comparar as opções, pois isso fará com que você se concentre apenas nas diferenças alinháveis.
- Tome cuidado para não dar peso excessivo aos aspectos positivos e desconsiderar os aspectos negativos do resultado desejado.
- Não tome decisões profissionais para evitar desapontar um recrutador.
- Quando tiver um bom relacionamento com o recrutador ou com a empresa, recuse a proposta por telefone ou pessoalmente, não por e-mail.

PARTE II
Como ser bem-sucedido no trabalho

5

Aprender

Nesta Parte II, o foco muda, e passa a ser fazer seu trabalho da melhor maneira possível. Os quatro determinantes centrais do sucesso são: aprender, comunicar, produzir e liderar. Vamos começar com aprender.

Aprender no trabalho é provavelmente o fator mais importante para impulsionar seu desempenho profissional. Você não sabe tudo de que precisa sobre seu emprego quando é contratado, por melhor que tenha sido sua educação ou por mais experiência tenha tido em empregos anteriores. A estrada para aprender começa com a disposição de admitir que você não sabe tudo, além do interesse em aprender novas coisas.

Aprender como preenchimento de lacunas

Seu cérebro cognitivo é o repositório para o conhecimento de que você precisa para trabalhar bem. Três tipos cruciais de conhecimento permitem que você responda às questões "quem?", "como?" e "por quê?".

93

Quem? se refere às pessoas com quem você precisa se conectar para obter os recursos, as informações, a ajuda e a aprovação para fazer seu trabalho. (Vou voltar a esse ponto neste capítulo, quando falar de mentoria.) *Como?* se refere aos procedimentos que permitem que você desempenhe suas tarefas no trabalho. *Por quê?* envolve ter bom *conhecimento causal* sobre a maneira como funciona sua área de especialização. Com o conhecimento causal você pode resolver problemas de novas formas, em vez de só executar um procedimento que aprendeu.

Um exemplo de conhecimento causal em ação é pensar nos diferentes modos de atendimento ao cliente. Muitas empresas de tecnologia têm uma primeira linha de representantes de atendimento ao cliente em call centers que não entendem realmente sua área. Eles trabalham com um roteiro. Como não conhecem como funciona o sistema para o qual dão atendimento, não conseguem se desviar do roteiro. Isso funciona se o problema do cliente estiver previsto; caso contrário, pode haver uma longa interação que não dá conta de solucionar o problema. Por outro lado, um especialista treinado pode diagnosticar e resolver diversos dilemas, inclusive aqueles que ainda não tinham ocorrido antes. Esse é o poder do entendimento causal.

Para melhorar seu domínio da especialidade, você precisa primeiro identificar as lacunas em seu conhecimento. Você só estará motivado a aprender novas coisas – e só poderá ser estratégico na aprendizagem – se tiver consciência do que sabe e do que não sabe. Sem um bom mapa do estado atual de seu conhecimento, você só vai encontrar o novo conhecimento crucial se tiver sorte.

Nesta seção, exploro as barreiras para encontrar as lacunas em seu conhecimento. Algumas delas estão em seu cérebro cognitivo – você nem sempre sabe o que não sabe. Algumas são uma faceta de seu cérebro social – nem sempre você está disposto a admitir que não sabe. Também examino o que motiva as pessoas a melhorar seu conhecimento.

O que você não sabe?

A capacidade de conhecer o que você sabe e o que não sabe é chamada de "metacognição" – isto é, o processo de pensar sobre seu pensamento. Seu cérebro cognitivo tem uma capacidade sofisticada de avaliar o que você sabe e o que não sabe. Você usa várias fontes de informação para fazer esse julgamento. A pesquisa de Roddy Roediger e Kathleen McDermott identificou duas fontes significativas de seus julgamentos sobre saber ou não alguma coisa: memória e familiaridade. Se eu perguntar se já ouviu falar de Stephen Hawking, você começa procurando informações sobre ele em sua memória. Se lembrar explicitamente que ele foi um físico famoso ou que trabalhava com buracos negros e que tinha esclerose lateral amiotrófica (ELA), então você pode julgar que já ouviu falar dele.

É claro que, ao se lembrar de informações, você nem sempre faz julgamentos sobre o que sabe. Algumas vezes, você apenas avalia se a informação parece familiar. Se eu perguntar se já ouviu falar de Grace Hopper, você talvez não recorde nenhuma informação sobre ela, mas o nome lhe parece familiar, então você diz que já ouviu falar. Grace Hopper foi uma pioneira das ciências da computação que inventou o termo *bug* para se referir a erros em um programa, mas você pode julgar que já ouviu falar mesmo que não recorde explicitamente ter ouvido alguma informação sobre ela. Esses aspectos da metacognição são bons para vários tipos de conhecimento. Você é muito bom em julgar se ouviu falar de alguém ou de um fato simples. Você tem uma noção razoavelmente precisa sobre saber ou não realizar diversos procedimentos. Se alguém lhe perguntar se sabe tocar piano, sua resposta provavelmente será precisa.

Embora seja boa, sua metacognição não é perfeita. A maioria das pessoas é pelo menos um pouco confiante demais em algumas áreas – sobretudo quando se trata de avaliar a proficiência em uma tarefa. Essa confiança exagerada tem sido chamada de "efeito Lake Wobegon", em homenagem à cidade ficcional criada por

Garrison Keillor para o programa de rádio *Prairie Home Companion*. Em Lake Wobegon, "todas as mulheres são fortes, todos os homens têm boa aparência, e todas as crianças estão acima da média".

A pesquisa de David Dunning e Justin Kruger sobre esse assunto revelou que as pessoas menos habilidosas em muitas áreas costumam revelar mais excesso de confiança em suas capacidades. Uma razão importante para isso é que elas realmente não entendem o que é um desempenho excelente e, por isso, exageram as próprias capacidades em relação às dos outros. Conforme você adquire experiência, você não só aprende novas coisas, como aprende muito sobre aquilo que ainda não sabe.

Um importante aspecto social do efeito Dunning-Kruger é que ele muitas vezes cria tensão entre os funcionários mais jovens e a empresa para a qual trabalham. As pessoas que não entendem de fato quais habilidades são necessárias para obter sucesso em um campo específico podem avaliar exageradamente as próprias habilidades, além de minimizar sua percepção da lacuna entre elas e os funcionários mais antigos da empresa. Como resultado, não entendem por que não são promovidas mais rápido e ficam frustradas logo nos primeiros estágios da carreira. Quanto mais você apreciar tudo o que está envolvido no desempenho de um especialista, mais paciente será com seu próprio desenvolvimento.

Uma segunda limitação em suas capacidades metacognitivas é demonstrada na pesquisa de Leonid Rosenblit e Frank Keil, segundo a qual as pessoas avaliam exageradamente a qualidade de seu conhecimento causal. Elas acreditam entender como o mundo funciona mais do que de fato entendem. Os pesquisadores chamam esse engano de "ilusão de profundidade explicativa".

Essa ilusão tem fontes diversas. Primeiro, as pessoas muitas vezes usam palavras – especialmente em contextos empresariais – cujo significado não entendem de fato. Enquanto escrevia este livro, ouvi muitas pessoas falando sobre a importância de conceitos como *deep learning*

96　Mindset da carreira

[aprendizagem profunda] e *blockchain* [protocolo de confiança] para o futuro dos negócios. Não ficou claro se quem usou esses termos sabia muito sobre eles. No entanto, conforme um termo se torna mais familiar, você pode sentir que o entende mesmo que, na verdade, não seja esse o caso.

O conhecimento causal tem uma estrutura interessante. Ao contrário das histórias tipicamente lineares, ele está encaixado como as tradicionais bonecas russas. Por exemplo, este livro é sobre aplicar a psicologia ao trabalho, então uso termos extraídos da psicologia cognitiva, social e motivacional. Abaixo do nível da psicologia está a neurociência, que examina os mecanismos cerebrais. Como discuti no Capítulo 1, não vou me aprofundar em como o cérebro faz o que faz, mas um entendimento da psicologia requer certo conhecimento do cérebro. E é claro que os encaixes continuam: para descobrir como as células cerebrais funcionam, é necessária muita neuroquímica para compreender como geram os sinais elétricos que transmitem informações.

Quando decide se entende como alguma coisa funciona, você faz o equivalente mental de checar se tem a maior das bonecas russas: o início de uma explicação causal. Você não necessariamente detalha toda a explicação e, assim, pode não perceber que, depois de certo ponto, uma das bonecas está vazia. Isso impede que você reconheça quando lhe falta um conhecimento causal essencial.

Você não pode se esforçar para preencher as lacunas em seu conhecimento se não souber que existem. A pesquisa de Michelene Chi e Kurt VanLehn demonstra que a melhor forma de revelar essas lacunas é explicar as coisas para si mesmo. Isto é, sempre que encontrar uma descrição de como algo funciona, você deveria explicar isso com suas próprias palavras para determinar o que realmente aprendeu. Esse é o equivalente mental de abrir as bonecas russas em sua mente para ter certeza de que tem o conjunto completo.

Esse processo pode ajudá-lo a descobrir o que sabe e o que não sabe. Cabe a você decidir se quer preencher as lacunas. Adiante vou abordar como escolher quais lacunas devem ser preenchidas.

Admitir lacunas e erros

Existem muitas maneiras de preencher as lacunas em seu conhecimento. Um modo comum é fazer buscas na internet. Você provavelmente acessou diversos sites que sugeriram fontes de informação sobre uma variedade de assuntos. Mesmo uma busca casual na internet vai resultar em muitos vídeos que mostram como realizar tarefas específicas.

A fonte mais poderosa de conhecimento são as pessoas que o rodeiam. Seus colegas – e principalmente seu supervisor – devem ajudá-lo a desenvolver sua carreira. Eles sabem como as coisas funcionam na empresa. E desenvolveram conhecimento para resolver muitos dos problemas que você enfrenta no dia a dia. É provável que eles tenham sugestões de como obter informações relevantes sobre seu trabalho.

Para mobilizar seus colegas a ajudá-lo, você precisa superar algumas barreiras colocadas por seu cérebro social.

A primeira é que, se for como a maioria das pessoas, você resiste a admitir ignorância para manter uma boa aparência. É potencialmente constrangedor admitir que não se sabe alguma coisa. Esse efeito é tão poderoso que ocorre até em pesquisas anônimas – as pessoas selecionam uma opção média em um intervalo para comunicar que não sabem o bastante para ter uma opinião.

Algumas vezes as pessoas não querem admitir ignorância porque sofrem de *síndrome do impostor*. Isto é, acreditam ser fraudes que atingiram uma posição que não merecem. As mulheres têm maior probabilidade de apresentar essa síndrome que os homens. A síndrome do impostor torna as pessoas menos propensas a admitir que não sabem e a reconhecer os erros que cometeram. Afinal, se tiver medo de não merecer de fato estar em uma posição, você vai esperar que uma falta de conhecimento ou um erro sejam considerados evidência disso. Consequentemente, não vai procurar os outros para obter a ajuda de que precisa, e seu desempenho no trabalho será prejudicado, reforçando a crença que você tem. A síndrome do impostor se transforma em uma profecia autorrealizável.

Muitas pessoas relutam em admitir erros no trabalho. É provável que você tenha sido criado para pensar que erros são ruins. Seu sucesso na escola, desde o jardim de infância até o fim da faculdade, dependeu em grande medida de encontrar formas de minimizar o número de erros cometidos. Ter boas notas em provas exigia que você cometesse o mínimo de erros possível. Se acreditar que os erros são ruins, você não vai anunciá-los a outras pessoas nem admitir que existem lacunas em seu conhecimento.

Além disso, como têm medo de serem punidas por cometer erros, as pessoas querem mantê-los em segredo. É uma norma cultural comum que "alguém deve ser responsabilizado" por um erro. Sem dúvida as pessoas deveriam ser punidas por ações negligentes, mas erros legítimos são experiências de aprendizado, mesmo quando têm consequências significativas.

No fim das contas, admitir um erro é uma das melhores maneiras de conquistar a confiança de seu chefe. Abri este livro com uma história sobre meu filho, que procurou o chefe depois de uma interação ruim com um cliente em seu primeiro emprego. O chefe imediatamente lhe deu algumas boas sugestões sobre como lidar com aquele cliente no futuro e agradeceu por ter sido procurado. Meu filho continuou a ter mais oportunidades na empresa.

Se você admite erros, seus gerentes saberão que você vai procurá-los quando não souber alguma coisa ou quando surgir um problema. Como resultado, tenderão mais a lhe confiar novas tarefas. Voltarei a essa ideia quando falar sobre liderança no Capítulo 8.

A lição principal aqui é que você precisa superar as forças em seu cérebro social que querem que você guarde segredo sobre erros e lacunas em seu conhecimento. Só quando revelar o que precisa aprender é que poderá aprender com seus colegas mais experientes.

5 | Aprender   99

Motivação para aprender e o especialista generalista

Depois de identificar lacunas em seu conhecimento, você deve decidir o que de fato precisa aprender. As pessoas em geral se concentram em obter informações que sejam mais diretamente relevantes para o emprego que têm. Essa é uma boa estratégia inicial. Há uma grande chance de que seu novo emprego exija que você faça diversas coisas que nunca fez antes ou que as faça mais depressa, com mais eficácia e eficiência que no passado. Você deve se concentrar em ser ótimo em suas novas responsabilidades.

Ao pegar o jeito de um novo emprego, seja estratégico sobre o que vai aprender. Provavelmente, vai precisar de uma gama de conhecimentos mais ampla do que pensa. Resolver problemas difíceis no trabalho exige usar não só a experiência da área em que se trabalha, mas também conhecimento de outras áreas que podem não ter parecido relevantes a princípio. A história das invenções está repleta de exemplos de pessoas que usaram fontes inesperadas de conhecimento. George de Mestral inventou o velcro depois de examinar os carrapichos que ficavam tão persistentemente presos ao pelo do cachorro. O insight de James Dyson para o vácuo veio do conhecimento de serrarias e ciclones industriais. Fiona Fairhurst liderou uma equipe na Speedo que usou a estrutura da pele do tubarão para criar roupas de natação.

O problema é que todos os dias você deve ter uma longa lista de atividades a concluir. Onde pode encontrar o tempo para aprender coisas que não estão diretamente relacionadas a essas tarefas? E, sem aprender uma diversidade de novas coisas, como ajudar sua organização a encontrar soluções para os problemas?

Um grupo de pessoas resolveu essa questão de um modo interessante: especialistas generalistas. Como escrevi em meu livro *Habits of Leadership*, especialistas generalistas têm muito conhecimento em uma ampla gama de assuntos. Em decorrência, muitas vezes são envolvidos em projetos inovadores. De fato, identifiquei primeiro as características dos especialistas generalistas quando estudei a Victor Mills Society of Fellows na Procter & Gamble. As pessoas na P&G recebem essa designação (cujo nome veio do homem que desenvolveu a Pampers) porque são inovadoras.

Os especialistas generalistas têm vários traços motivacionais de personalidade. Eles são muito abertos a experiências (interessados em coisas novas). Têm alta necessidade de cognição (não é um dos cinco grandes traços de personalidade, mas é importante no trabalho), o que reflete quanto alguém gosta de pensar em profundidade sobre as coisas. As pessoas que têm essa característica acentuada muitas vezes continuam a pesquisar novos assuntos que encontram. A combinação de alta abertura a experiências e alta necessidade de cognição garante que os especialistas generalistas aprendam profundamente sobre diversos assuntos.

Ao mesmo tempo, eles muitas vezes têm conscienciosidade (esse, sim, um dos cinco grandes traços) moderada ou baixa. A conscienciosidade leva as pessoas a terminar as tarefas que começaram e também a seguir as regras. As pessoas com baixa conscienciosidade estão dispostas a deixar de lado parte do trabalho que lhes foi atribuído para buscar conhecimento lendo artigos, assistindo a vídeos e conversando com outras pessoas.

Infelizmente, as pessoas muitas vezes são recompensadas pela conscienciosidade no início da carreira. É por isso que muitos dos inovadores que encontrei falavam sobre ser bem-sucedido "apesar do sistema, não por causa dele". Seus supervisores muitas vezes os repreendiam por não concluir o trabalho que lhes fora atribuído sem reconhecer que o tempo talvez tivesse sido bem aproveitado. Como consequência, sem perceber, esses supervisores pressionavam a equipe para restringir o que aprendiam.

Independentemente do nível de conscienciosidade, você quase sempre tem margem para aperfeiçoar os aspectos de seu trabalho que são importantes para você. Assim, deve solicitar um tempo com alguma regularidade para ir atrás de ideias interessantes, mesmo que não tenha certeza de como se relacionam com seu trabalho. Qualquer empregador que fale sério sobre inovação deve estar disposto a liberar você para ampliar o alcance e a qualidade de seu conhecimento.

Mentores

Júlio Cesar disse que a experiência é o melhor professor. Ele estava certo, pois, pensando de maneira mais ampla sobre as formas de aprendizado, a experiência é poderosa. Benjamin Franklin, por sua vez, também tinha alguma razão quando disse: "A experiência é escola cara, mas os tolos não conseguem aprender em nenhuma outra".

Os melhores professores podem ser as pessoas que o rodeiam.

Uma fonte notável de sua capacidade de se adaptar ao mundo é o fato de que, se quiser, você pode aprender sobre quase qualquer coisa. Mas você nem sempre sabe do que precisa para ter sucesso. É aí que os colegas podem ajudar. Se deseja se destacar no trabalho, você precisa de mentores.

Muitas organizações reconhecem a importância da mentoria para o sucesso dos funcionários e, assim, têm programas formais para isso. Logo depois de ser contratado, você pode ser contatado por alguém que se apresenta como seu mentor. Vocês dois podem se encontrar para um café ou um almoço e conversar – e talvez nunca mais se falem de novo.

Um programa de mentoria como esse fracassa porque não é orgânico. Quando começa a trabalhar para uma organização, você talvez não saiba do que precisa para obter sucesso. E um mentor que lhe seja atribuído não vai conhecer seus objetivos, seus pontos fortes e seus pontos fracos. Esses mentores muitas vezes só dão conselhos genéricos e de bom senso.

O truque é abordar a mentoria de modo mais orgânico. Conforme conhece seu local de trabalho, você vai encontrar naturalmente algumas pessoas cujas habilidades e capacidades gostaria de ter. Essas são as pessoas que você precisa conhecer. Aproxime-se delas e peça um tempo para aprender sobre a fonte do sucesso delas. As pessoas em geral ficam lisonjeadas ao serem vistas como detentoras de habilidade que você quer desenvolver e costumam estar dispostas a ensinar o que sabem.

Quando se encontrar com um mentor, não fique parado: ouça e faça anotações. Fale com franqueza sobre os aspectos profissionais que você gostaria de melhorar. Quanto mais seus mentores souberem sobre você, melhores serão os conselhos dados. Peça que lhe passem uma tarefa – algo para ler, algo para fazer. A aprendizagem é um processo ativo e requer esforço de sua parte.

As pessoas que você escolhe como mentores em geral são importantes na organização. Elas podem ter papéis de liderança e algumas oportunidades de influenciar seu futuro. Se você as procurar pela experiência, siga as sugestões que lhe derem. Se recomendarem enfaticamente um livro, leia-o. Se sugerirem que você desenvolva uma habilidade, trabalhe nisso. Depois de ter entrado em contato, impressione o mentor com seu esforço.

O alinhamento de sua equipe de mentoria

Um segundo problema com os programas de mentoria em muitas organizações é designar um único mentor para um empregado. Raramente um indivíduo pode abordar todas as maneiras como você gostaria que sua carreira crescesse. Concentre-se em desenvolver uma equipe de mentores para guiá-lo durante toda a sua carreira e pense em vários tipos de mentoria.

Um membro importante de sua equipe é o *coach*. Um bom coach pode ou não ser um superastro no trabalho, mas ele ou ela de fato conhece a empresa e tem muita experiência. Essa pessoa deve ser capaz de ajudar você a identificar seus pontos fortes e fracos. Os coaches têm dois papéis importantes de atuação. Eles ouvem sua descrição de um problema que está enfrentando, fazem perguntas que podem ajudá-lo a enxergar o problema por outro ângulo e o orientam na direção de uma solução a fim de torná-lo apto a lidar com situações similares no futuro. E sugerem como você pode melhorar seu desempenho no trabalho, lendo alguns livros, entrando para alguns grupos ou desenvolvendo novas habilidades.

Existe uma diferença importante entre um coach e um consultor. Os consultores ouvem o que você tem a dizer e, depois, recomendam um plano de ação. É tentador buscá-los porque eles oferecem um modo fácil de solucionar problemas. No entanto, em última instância, você precisa encontrar suas próprias soluções. Isso significa que necessita de alguém que o guie pelo processo de descobrir o que fazer em uma nova situação, não de alguém que lhe diga o que fazer.

Outro bom mentor é um *superastro*. Você com certeza conhece no trabalho algumas pessoas (ou em sua rede social mais ampla) realmente bem-sucedidas. Elas têm o que você quer. Conecte-se com essas pessoas. Leve-as para tomar um café. Envie um e-mail de vez em quando. O modo como chegaram ao topo pode lhe trazer sugestões valiosas. Essas pessoas podem não ter muito tempo para passar com você, mas qualquer momento com elas provavelmente valerá a pena. Você pode achar que um verdadeiro superastro não vai querer falar com você. Mas muitas figuras bem-sucedidas também tiveram mentores que as ajudaram no início da carreira. Além disso, a maioria das pessoas fica lisonjeada quando você quer falar sobre elas.

Sua equipe de mentoria também precisa de um bom *conector*. Para chegar a seus objetivos, muitas vezes você precisa da ajuda de outras pessoas, especialmente daquelas que têm habilidades para concluir trabalhos. Você deve descobrir quem controla os recursos de que vai precisar quando começar um projeto.

Às vezes, você pode encontrar quem está procurando por meio do LinkedIn ou de outra mídia social, mas isso pode ser como procurar uma agulha num palheiro. E entrar em contato com alguém diretamente na mídia social nem sempre dá bons resultados.

Um conector é alguém com uma ampla rede social e habilidade em movimentar o motor social. Quando você procura um conector por causa de um problema a resolver, muitas vezes ele conhece várias pessoas com quem seria bom você conversar e está disposto a apresentá-lo a elas. Um conector pode ajudar você com a pergunta "quem?" neste capítulo.

A próxima figura a procurar é alguém que chamo de *bibliotecário*. Essa pessoa é especialmente valiosa em uma grande organização na qual você não conhece todos os recursos disponíveis. Se trabalhar para uma empresa pequena, você conhecerá todos pelo nome e terá uma ideia clara das responsabilidades de cada um. No entanto, em grandes organizações, pode ser difícil saber de qual escritório, grupo ou pessoa você precisa para fazer as coisas. E você pode não compreender por que algumas políticas específicas são instituídas. Um bibliotecário pode ajudá-lo a navegar por essas complexidades e permitir que você aproveite plenamente o que a organização tem a oferecer. Às vezes o bibliotecário é um membro da equipe ou um executivo que já está na organização há bastante tempo e conhece todos os segredos ocultos.

Também é valioso ter um bom colega de equipe como mentor, alguém que entenda o que você passa no trabalho, que o deixe desabafar quando você precisar disso e que possa ser solidário quando você tiver um dia difícil. Não é bom sair falando sobre todos os aborrecimentos que tiver no trabalho, mas é importante ter um ou dois confidentes de confiança. Eles não precisam trabalhar na organização, mas devem conhecer o suficiente sobre seu trabalho para que você não precise explicar tudo desde o início.

Sua equipe de mentoria não precisa ser necessariamente estável. Só tenha um grupo de pessoas próximas a quem possa recorrer em busca de auxílio. Algumas pessoas podem se afastar, e outras, se aproximar. No entanto, tente manter contato com todos os mentores para continuar a ter um bom relacionamento profissional com eles.

O valor de ser um mentor

Você não só deve aprender com seus colegas, como deve compartilhar o que sabe tanto quanto possível. Ser mentor dos outros tem vários benefícios.

Já mencionei neste capítulo que a melhor cura para a ilusão da profundidade explicativa é explicar alguma coisa que aprendeu. Idealmente, você vai desenvolver o hábito de explicar as coisas para si mesmo. Ser mentor de alguém lhe dá a oportunidade de explicar as coisas para os demais. Trabalhar com outras pessoas pode ampliar sua própria compreensão de algum aspecto crucial do trabalho.

Carine me disse que gosta de levar os novos funcionários da empresa para tomar um café logo que eles chegam e de responder a todas as perguntas que façam. Um recém-chegado perguntou o motivo de haver uma política de segurança para o chão de fábrica que lhe parecia antiquada, considerando a tecnologia disponível. Ao tentar explicar a política, Carine se deu conta de que não tinha ideia de por que ela tinha sido criada. Depois de pesquisar a história, ela reuniu um pequeno grupo de trabalho para revê-la. E comentou que muitas vezes é bom olhar para as coisas na empresa com os olhos de um iniciante.

Sua rede social em uma organização tende a se estabelecer rapidamente. Nos primeiros meses de trabalho, você vai conhecer bastante gente. Depois, à medida que entra numa rotina, você se conecta com menos pessoas e confia naquelas que conhece para ajudá-lo com os projetos. Isso pode criar "panelas" dentro da organização. Ser mentor de outras pessoas é um modo excelente e barato de expandir sua rede. Você vai conhecer não só seus mentorados, mas também algumas das pessoas com quem eles estão conectados.

Outro benefício importante acontece conforme você avança na carreira. Ao começar, muitas vezes está empolgado com as possibilidades. Você está embarcando em uma nova aventura. Conforme o tempo passa, porém, mesmo que acredite profundamente na missão da empresa e acredite que sua contribuição é valiosa, pode perder o entusiasmo.

106   Mindset da carreira

Seus mentorados em geral estão mais no início da jornada. Eles podem ser novos na empresa ou assumir um cargo diferente. De qualquer modo, estão concentrados no futuro e empenham energia no que fazem. Por meio dos mecanismos de contágio de objetivo, essa energia é compartilhada. Ao passar algum tempo com pessoas que estão empolgadas em buscar um novo objetivo, você pode se revigorar e muitas vezes encontrar um propósito renovado em seu próprio trabalho.

O CÉREBRO DE JAZZ

Tocar com a cabeça e o coração

Já ouvi jazzistas falando da diferença entre quem toca com a "cabeça" e quem toca com o "coração". Os que tocam com a cabeça conhecem muito bem a teoria musical e se concentram em fazer solos que combinem tecnicamente. Os que tocam com o coração ouvem os outros músicos e tocam o que parece certo na situação. Eles podem não ser os músicos mais bem embasados teoricamente, mas encontram modos de soar bem.

Os músicos de fato grandes tocam com a cabeça e com o coração. Eles se dedicaram a internalizar muita teoria musical e, depois, usam essa teoria a serviço de ouvir e tocar. Parece fácil, mas não é.

As melhores pessoas no trabalho também tocam com a cabeça e o coração. Elas se tornaram especialistas em sua área. E estão bem à vontade com o próprio conhecimento para ouvir e adaptar o que sabem às circunstâncias. É uma questão de aprender quando a resposta do manual é a certa e quando é preciso se desviar.

A melhor maneira de chegar a esse ponto é continuar a desenvolver sua base de conhecimentos e também sua capacidade de dar atenção à situação. É provável que um de seus mentores superastros toque com a cabeça e com o coração. Observe essa pessoa e se esforce para seguir o exemplo dela.

Educação continuada

A educação continuada é crucial para uma carreira bem-sucedida. As habilidades e o conhecimento que você tem quando é contratado vão ajudá-lo a começar, mas o trabalho depois de alguns anos vai exigir habilidades e conhecimento novos. Você não vai obter isso apenas com seu trabalho cotidiano. A aprendizagem continuada muitas vezes tem o objetivo de preencher lacunas ou construir novas capacidades com propósito, ao contrário do tipo de aprendizagem que os especialistas generalistas praticam e cuja finalidade talvez não seja óbvia.

Fale com sua equipe de mentoria sobre o conhecimento e as habilidades que ainda não tem e que o capacitarão a atingir suas metas. É claro que, para que essa conversa seja produtiva, você precisa pensar mais sobre sua trajetória. Vou abordar esse assunto mais detalhadamente no Capítulo 9.

Uma maneira natural de adquirir conhecimentos adicionais é como autodidata. Os sites da maioria das publicações de negócios estão agora repletos de blogs que exploram novas formas de pensar sobre o trabalho. Inúmeros vídeos do YouTube são guias práticos para habilidades que vão desde usar planilhas até fazer programação. Podcasts relacionados ao trabalho também constituem uma fonte interessante de material. E vários livros (como este) têm o objetivo de levar você a pensar de um modo diferente sobre suas habilidades profissionais.

Muitas vezes, é fácil acessar essas fontes de informação durante momentos tranquilos em sua agenda. Podcasts e audiolivros são bons companheiros durante seu trajeto diário entre a casa e o trabalho ou ao viajar a trabalho. Vídeos e blogs são úteis no intervalo entre tarefas ou quando se precisa de uma mudança de ritmo. Você pode deixar um livro em um lugar conveniente em casa para ler quando tiver tempo livre. O segredo é desenvolver o hábito de tentar aprender algo novo.

No entanto, a internet não tornou obsoleto o treinamento mais estruturado. É difícil aprender algumas coisas sozinho. Um de meus mentores na pós-graduação, Doug Medin, sugere concentrar os estudos em habilidades que você não conseguiria aprender facilmente apenas ao ler um livro. No meu campo, isso inclui análise estatística, métodos qualitativos e programação de computadores. Essas são habilidades mais fáceis de aprender quando um currículo estruturado o conduz pelos conceitos centrais e os instrutores o guiam por meio de tarefas e avaliam seu trabalho.

Você tem diversas opções para encontrar cursos e aprender novas habilidades.

Como já mencionado, muitas organizações oferecem oportunidades de treinamento interno. Alguns desses cursos são oferecidos com regularidade a todos os funcionários, e outros vão exigir iniciativa de sua parte. Se sua empresa tem um site interno que relaciona os programas de treinamento, acesse-o com regularidade para buscar sessões que aprimorem suas capacidades. Uma sessão de treinamento pode afastar você de seu trabalho habitual por um ou dois dias, mas terá resultados significativos no futuro.

Um ótimo exemplo desse tipo de programa vem da USAA, empresa que oferece serviços financeiros para militares na ativa, veteranos e famílias. A empresa tem um compromisso com a inovação, então desenvolveu um programa de certificação inovador em colaboração com o IC^2 Institute, na Universidade do Texas. As pessoas aceitas nesse programa têm um semestre de treinamento sobre como desenvolver novas ideias, avaliá-las e testar sua eficácia de mercado. Depois, os formados pelo programa trabalham em toda a empresa para alimentar novas ideias.

Descubra também se sua empresa apoia o treinamento profissional em organizações externas. Diversas universidades e grupos oferecem seminários constantes para desenvolver habilidades de trabalho. Muitas vezes, esses seminários duram um ou dois dias, e você tem a opção de assistir a vários em determinado período para obter um certificado relacionado a uma habilidade profissional importante. Esses programas o expõem ao pensamento de pesquisadores de vanguarda e a ferramentas derivadas de novas pesquisas. Eles valem a pena, mesmo que você tenha de pagar para participar.

Mel, que dirige o treinamento para uma grande empresa de consultoria, disse que sua empresa oferece $ 5 mil por ano a cada funcionário para cursos externos, mas poucos aproveitam a verba. Para garantir que você não perca essas oportunidades, procure recomendações de organizações que oferecem seminários em sua área. Verifique a programação dos cursos no início do ano e coloque os seminários em sua agenda antes que surjam projetos grandes. É muito mais provável que você leve adiante um treinamento se ele for agendado com antecedência que se esperar uma improvável calmaria.

Você também pode procurar fora da organização para obter um certificado avançado. Um mestrado ou doutorado podem levá-lo ao próximo estágio de sua carreira. Programas de pós-graduação consomem tempo e podem ser caros, mas também podem ser transformadores se lhe dão ferramentas para fazer seu trabalho de uma nova maneira. Uma coisa aconselhável no início da carreira é se informar sobre a formação das pessoas que têm os cargos que você almeja. Se muitas tiverem feito pós-graduação, pense em como um programa de pós pode se encaixar em sua vida. Você não precisa necessariamente conseguir o nível específico que seus colegas têm, mas saber que algum programa de pós-graduação está em seu futuro pode ajudar no planejamento para que isso aconteça.

E, já que estamos no assunto de programas de pós-graduação, vou dar um incentivo para que pais que trabalham pensem em continuar os próprios estudos. Há seis anos dou aulas em um programa de mestrado para profissionais na ativa. Também criei meus filhos sozinho. Sei como é difícil equilibrar trabalho e vida pessoal. E, se você tem filhos pequenos, as atividades são constantes. Conforme crescem, seus filhos prestam atenção no que você faz enquanto pensam como pode ser o próprio futuro deles. Quando o veem fazendo um curso de pós-graduação, isso deixa uma mensagem sobre a importância da educação que vai muito além de qualquer coisa que você possa dizer. Você pode pensar que o tempo dedicado a sua educação o afasta de um tempo de qualidade com seus filhos, mas algumas horas ao lado deles fazendo lição de casa podem representar os melhores momentos que vocês passarão juntos.

PONTOS PRINCIPAIS

Seus cérebros

CÉREBRO MOTIVACIONAL

- A necessidade de cognição é um traço que reflete quanto as pessoas gostam de pensar sobre as coisas.
- A conscienciosidade é um traço que reflete quanto as pessoas querem terminar o que começam.

CÉREBRO SOCIAL

- Muito do que você aprende vem das pessoas que o rodeiam.
- Você pode receber uma injeção de energia ao observar as ações e o entusiasmo dos outros.

CÉREBRO COGNITIVO

- O conhecimento causal permite que você responda a novas questões de maneiras diferentes. Seu conhecimento causal tem uma estrutura aninhada.
- A metacognição é sua capacidade de refletir sobre seu próprio pensamento. Você pode saber que sabe uma coisa porque se lembra dela explicitamente ou só porque tem uma sensação de que sabe.
- O efeito Dunning-Kruger diz que as pessoas menos habilidosas são menos conscientes de quanto sabem.
- As pessoas sofrem de uma ilusão de profundidade explicativa, que as faz acreditar que entendem o modo como o mundo funciona melhor do que de fato entendem.

5 | Aprender   111

Suas dicas

- Não tenha medo de admitir que não sabe alguma coisa.
- Seja o primeiro a confessar seus erros.
- Você precisa saber mais do que acha que sabe.
- Os especialistas generalistas são valiosos em contextos de inovação.
- Pense com cuidado sobre quem você quer ter em sua equipe de mentoria e procure essas pessoas.
- Ser mentor de outras pessoas tem muito valor.
- No trabalho, aprenda a agir com a cabeça e o coração.
- Procure oportunidades de educação continuada, tanto formais quanto informais.

6

Comunicar

Uma coisa que distingue os seres humanos das outras espécies na Terra é a capacidade de nos comunicarmos de diversas maneiras. A maioria dos animais se comunica com outros membros de sua espécie – e algumas vezes com predadores ou presas em potencial. Eles têm mecanismos para atrair parceiros, alertar inimigos em potencial ou sinalizar perigo. E podem se comunicar por sons, movimentos ou mesmo trilhas químicas.

Por sua vez, os seres humanos têm uma linguagem complexa que nos permite adicionar palavras quando queremos nomear objetos, ações e conceitos conforme o ambiente de informação muda. Temos habilidade com metáforas e analogias, o que nos permite estender os significados das palavras para abranger situações novas. Desenvolvemos uma diversidade de tecnologias para nos comunicarmos uns com os outros mesmo quando não estamos no mesmo lugar ao mesmo tempo. Aliás, este livro me permite compartilhar meu conhecimento com você, atravessando tempo e espaço.

A linguagem é central à natureza humana. Aprendemos nosso idioma nativo apenas por nascer em uma cultura específica. E se nesse ambiente diversos idiomas são falados, aprendemos todos eles e os usamos em diferentes contextos. Apesar da importância da linguagem para tudo o que fazemos, reconhecemos que nem todos são bons comunicadores. Algumas pessoas têm mais habilidade para transmitir informações com clareza ou usar a linguagem para motivar as demais.

Para ser bem-sucedido no trabalho, você precisa dominar a arte de partilhar informações por meio de diversas modalidades, entre elas e-mail, texto, escrita e fala. Neste capítulo, exploro alguns aspectos cruciais da comunicação e examino modos de reconhecer seus pontos fracos e melhorar sua comunicação.

O que é comunicação?

A capacidade das pessoas de se comunicar evoluiu em um ambiente no qual um pequeno número de falantes nativos do mesmo idioma se comunicava cara a cara em tempo real. Como o psicolinguista Herb Clark destaca, quanto mais nos afastamos desse ideal, mais difícil é nos comunicarmos com eficácia.

Os avanços na tecnologia permitem que você se comunique com pessoas do mundo todo que cresceram falando idiomas diferentes. Você pode estar muito distante, sem ver seus interlocutores. Pode se comunicar atravessando o tempo por meio da escrita – e, nesse caso, seus companheiros de conversa não vão ouvi-lo nem responder imediatamente ao que foi dito. Cada desvio do ideal cria oportunidades para distorção na comunicação.

A forma ideal de comunicação funciona assim tão bem porque facilita um esforço coordenado entre o emissor e o receptor. Você pode pensar que uma conversa funciona da seguinte maneira: um emissor tem uma ideia e a traduz em sentenças. O receptor desconstrói essas sentenças para obter ideias que o emissor supostamente pretendia comunicar e, depois, formula uma mensagem a ser enviada ao emissor.

Em um nível abstrato, parece razoável. Certamente, quando você lê um diálogo em um romance, as conversas são assim. No entanto, os diálogos reais são muito mais complicados. Por um lado, o receptor tem um papel ativo na conversa. Para ver como isso é verdade, observe o que faz da próxima vez em que conversar e outra pessoa estiver falando. Ao olhar para o emissor, você comunica que está atento ao que ele diz. Menear a cabeça indica que entende e, de modo geral, concorda. Se de repente você tem algo a dizer, pode mudar sua postura para sinalizar que gostaria de uma oportunidade de falar.

Os oradores costumam ser sensíveis ao que os ouvintes estão fazendo. Se você está falando, e seu companheiro de conversa de repente parece estranho ou bravo, você interrompe a fala para descobrir o que aconteceu. Você tenta esclarecer os mal-entendidos o mais rápido possível para garantir que a conversa não saia dos trilhos.

O modo como você fala também leva em conta o conhecimento que você acha que compartilha com a outra pessoa. Em geral, sua fala obedece à convenção *conhecida-nova*. Isto é, você se refere a algo que supõe que o ouvinte vai entender e, depois, fornece uma nova informação que acrescente conhecimento. Se diz "Raul agora é o gerente da equipe de marketing", você supõe que a outra pessoa sabe quem é Raul, mas não que ele foi promovido. Se estimar erroneamente o conhecimento da pessoa com quem está conversando, é provável que a confunda ao se referir a coisas que ela não sabe ou a entedie ao oferecer informações que ela já tem.

Outro aspecto da linguagem a considerar é que não dizemos diretamente todas as coisas que queremos dizer. Costumamos usar muitas convenções que esperamos que as outras pessoas entendam. Por exemplo, o modo mais direto de conseguir que alguém faça uma coisa para você é dar um comando, como "tire estas cópias para mim". Uma vez que isso pode soar grosseiro para os falantes de alguns idiomas, como o inglês, muitas vezes reformulamos o pedido na forma de uma pergunta: "Você poderia tirar estas cópias para mim?". A intenção ainda é uma ordem; você não espera que a pessoa negue. Mas reconhece a capacidade de ela agir como preferir ao formular seu pedido indiretamente.

Essas são apenas algumas das muitas coisas que podem fazer conversas fracassarem. Neste capítulo, exploro alguns problemas comuns de comunicação e falo sobre como evitá-los.

Comunicar com eficácia em diferentes modos

Talvez o ponto mais importante dessa breve visão geral seja que a forma ideal da comunicação é aquela em que nos engajamos cada vez menos no trabalho. Por diversos motivos, grande parte de nossa comunicação cara a cara foi substituída por e-mails, textos e mensagens instantâneas, com ocasionais telefonemas ou videoconferências. Algumas breves conversas e reuniões de grupo ainda ocorrem, mas não são mais o modo mais frequente de transmitir informações.

Para ser um bom comunicador, você precisa conhecer as limitações dos modos que está usando a fim de minimizar os problemas em potencial. Pensar sobre essas limitações pode fazer você mudar sua estratégia, afastando-se de alguns modos e se aproximando de outros – pelo menos em algumas circunstâncias. Vou começar com uma discussão de comunicação baseada em texto e, depois, passar para telefonemas e videoconferências (como Skype). Na próxima seção, abordarei o tema das reuniões.

Comunicação escrita

Em muitas organizações, você tem diversas opções de comunicação baseadas em texto. É provável que receba inúmeros e-mails todos os dias. Alguns são endereçados diretamente a você, alguns são discussões de grupos, e outros são memorandos e boletins informativos que circulam para um número muito grande de pessoas. Você pode ter um sistema de mensagens de texto no celular ou um sistema de mensagens instantâneas em um dispositivo que deve usar e monitorar.

Pode fazer parte de uma rede social ou de um site de mensagens ou, ainda, de um aplicativo em que artigos e discussões são publicados, com espaço para comentários.

Três problemas de comunicação podem surgir quando você se comunica demais por texto. Em primeiro lugar, pedir esclarecimentos por e-mail pode ser difícil, causando mal-entendidos. Em segundo lugar, idas e vindas necessárias para esclarecer alguma coisa podem, na verdade, demorar mais que quando feitas pessoalmente. Em terceiro, chegar ao tom correto pode ser um desafio e dificultar os relacionamentos. E-mails e mensagens instantâneas também podem ser uma fonte de distração. Vou retomar essa questão no Capítulo 7.

Outro problema com texto é que você pode avaliar mal o conhecimento que compartilha com outra pessoa. Você pode usar uma palavra desconhecida ou um jargão. Pode se referir a coisas de que a outra pessoa não foi informada, e isso por vezes acaba gerando confusão. Rajesh me contou sobre um e-mail em que um colega pedia que ele olhasse "o relatório" e consertasse os erros que encontrasse. Infelizmente, Rajesh pensou que o colega estivesse se referindo a outro relatório. O resultado foi que ele passou uma manhã trabalhando em algo em que o colega não estava interessado.

Rajesh podia ter pedido esclarecimentos na hora. Ele, porém, tinha quase certeza de que sabia de qual relatório o colega estava falando. E, mesmo que tivesse algumas dúvidas, enviar um e-mail podia atrasar bastante o processo, porque Rajesh estava na Índia, e o colega, em Nova York. Em vez de parar para esclarecer a tarefa, ele seguiu com a missão.

Na comunicação cara a cara, muitas vezes negociamos significados. Veja este diálogo corriqueiro:

A: Você teve notícias de Sydney?
B: Sydney do marketing?
A: Não, nosso escritório na Austrália.
B: Ah, ainda não. Espero receber um e-mail deles à noite.

Em poucos instantes, uma palavra ambígua (Sydney) foi esclarecida, e a pergunta foi respondida. Esse diálogo tomaria dez segundos do tempo de alguém durante o dia, mas, se acontecesse por e-mail, poderiam se passar algumas horas entre as mensagens. E as mensagens demoram mais para ser processadas se você tiver de ler todas as anteriores para lembrar o que estava acontecendo.

Em muitos escritórios, as pessoas desenvolveram o hábito de se comunicar por texto com a maioria dos colegas. Parece mais fácil porque não precisam interromper o que estão fazendo e podem ler os e-mails ou textos quando for conveniente. No entanto, isso pode, na verdade, tomar muito tempo, sobretudo quando uma solicitação simples exige várias idas e vindas para ser resolvida.

Para aumentar a eficiência, tente lidar com solicitações simples pessoalmente ou por telefone. Não temos mais o hábito de colocar a cabeça para dentro da sala dos colegas ou bater um papo rápido. Mas é surpreendente quanto tempo você pode poupar ao falar ao vivo com as pessoas sobre coisas pequenas. E, conforme seus colegas aprendem que, quando você diz que precisa de um minuto, está falando literalmente, eles se tornam mais dispostos a se envolver em uma conversa ou um telefonema breves.

Ter mais conversas e menos interações por texto também pode ajudar a achar o tom certo. Stacy me contou que começou há pouco tempo em um novo trabalho remoto. O supervisor disse que as pessoas no escritório reclamavam dos pedidos que ela fazia para tocar os projetos. Stacy nunca tinha tido atritos com colegas e percebeu que grande parte do problema era que a maioria de suas interações com o resto do escritório acontecia por e-mail.

Isso não é de surpreender. Se pedir pessoalmente para alguém tirar cópias para você, é possível transmitir, pelas palavras escolhidas, pelo tom de voz e pela expressão facial, o quanto aprecia a ajuda dela. O texto permite que você escolha as palavras, mas seu tom de voz e sua expressão facial ficam faltando (mesmo quando você adiciona emojis). O resultado é que um simples "Você pode fazer estas cópias para mim?" pode soar como uma ordem ríspida em um e-mail. Com o tempo, talvez você ganhe fama de exigente ou difícil.

Em geral, vale a pena passar algum tempo com os colegas, mesmo que a maior parte de suas interações seja por escrito. Interagir ao vivo ajuda as pessoas a se conhecer melhor, e isso torna mais bondosas as avaliações que elas fazem sobre o que você diz. Seu cérebro social reage melhor a quem você conhece que a quem não conhece, então desenvolver relacionamentos com colegas vai aprimorar sua capacidade de se comunicar com eles por escrito. Quando eles o conhecem, podem ouvir sua voz por trás do texto.

Comunicação a distância

A tecnologia também ajuda a comunicação a distância em tempo real. Obviamente, o telefone permite falar com pessoas que não estão na sala com você. Os softwares de videoconferência, como Skype, Google Hangouts e Zoom, são compatíveis com vídeo e áudio simultâneos.

Esses meios de comunicação fornecem muito mais informações que apenas o texto. Você pode ouvir o tom de voz da outra pessoa. E pode obter informações que indicam o interesse ou a empolgação dela. Veja a diferença entre estas duas conversas:

A: Você participaria do comitê de contratação?
B: Claro.
A: Você participaria do comitê de contratação?
B: [Longa pausa] Claro.

Mesmo que o tom de voz seja o mesmo, a pausa comunica incerteza.

Com as ferramentas de videoconferência, você pode ver as pessoas com quem está falando. As expressões faciais podem comunicar interesse, ironia, sarcasmo ou tédio. O vídeo também possibilita um ambiente compartilhado. Quando as pessoas compartilham uma tela de computador ou um conjunto de slides, sustentam a discussão com algo que todos na conversa podem ver. O cursor permite que apontem para os itens no ambiente – "este" ou "aqui".

Essas formas de comunicação, no entanto, são mais difíceis em cenários com pequenos grupos, como em conference calls. A conversa em um ambiente compartilhado é uma dança coordenada. Quando uma pessoa fala, todas as outras a olham. Quando outra pessoa no grupo quer contribuir, muitas vezes chama atenção para si mesma a fim de indicar isso. O emissor, então, olha diretamente para ela e cede a palavra. E quando as pessoas estão em um ambiente compartilhado é fácil ver quando alguém não está participando e lhe dar oportunidade de se manifestar. As conferências por telefone e vídeo dificultam esse processo. As pessoas não conseguem indicar que gostariam de falar, e ceder a palavra é um desafio para quem fala. Como resultado, muitas vezes ocorrem pausas desconfortáveis quando alguém termina de falar ou várias pessoas falam ao mesmo tempo. As pessoas que tendem a não participar em conversas em grupo podem ficar facilmente de canto, sobretudo em conference calls, em que não há sinais visuais.

Ao liderar uma conference call ou uma videoconferência, tente movimentar a conversa. Acompanhe os momentos em que várias pessoas começam a falar e garanta que todas tenham chance de contribuir antes que a conversa mude de direção. Tenha uma lista de todos os participantes e motive comentários de quem não se pronunciou muito. Promover uma conference call ou videoconferência não é como ter uma conversa em grupo em um espaço comum. Você precisa acompanhar de modo mais assertivo quem falou e prestar mais atenção à dinâmica da reunião. Coisas que são naturais quando você está trabalhando com os outros no mesmo espaço podem exigir mais esforço.

Reuniões

Nenhum elemento da vida profissional é mais comum ou mais malvisto que as reuniões. Nós nos reunimos em grupos por muitas razões, entre elas desenvolver novas ideias, compartilhar planos, resolver problemas, coordenar projetos e chegar a um consenso. As reuniões podem ser um modo produtivo de realizar o trabalho, mas muitas vezes, não. Um problema é que algumas poucas pessoas tendem a dominar o que é dito. Um segundo problema é que coisas importantes podem não ser ditas. Um terceiro é que, com frequência, as reuniões não são organizadas ao redor de objetivos claros que podem ser alcançados pelo agrupamento de pessoas.

O dominador

O princípio de Pareto afirma que 80% de qualquer resultado costuma vir de apenas 20% das causas possíveis. Essa regra pode ser especialmente aplicável a reuniões. Sempre parece que 80% dos comentários são feitos por 20% dos presentes.

Isso acontece por diversas razões. Nem todos na reunião têm o conhecimento – o cérebro cognitivo – necessário para participar de modo pleno de todos os assuntos. Então, algumas pessoas precisam necessariamente ouvir mais que contribuir.

Duas características de personalidade – o cérebro motivacional – levam as pessoas a se envolver nas reuniões. Primeiro, a extroversão (outro dos cinco grandes) reflete quanto as pessoas gostam de ser o centro das atenções em situações sociais. Em uma reunião, os extrovertidos gostam da interação social e têm mais probabilidade de falar que os introvertidos. Segundo, o narcisismo faz algumas pessoas acreditarem que são superiores a quem as rodeia e que as outras devem dar atenção ao que dizem. Narcisistas falam antes e com mais frequência nas reuniões, mas em geral não ouvem o que os outros – sobretudo os discordantes – têm a dizer.

Usando seu cérebro social, você pode aprender a se comportar em reuniões. Se prestar atenção ao que as outras pessoas fazem nessas situações, terá ideia de como contribuir. É útil observar as reações delas enquanto você fala. Se parecerem atentas, você provavelmente está contribuindo com algo de valor sem se demorar demais. Se olharem para outro lado ou falarem umas com as outras, é provável que você esteja falando demais. É importante falar quando tem algo a dizer (vou voltar a esse ponto na próxima seção), mas convém ter certeza de não falar mais que as outras pessoas. Se achar que exagera, tente gravar a reunião de que participar (com permissão dos demais participantes, é claro) e, depois, ouça suas contribuições. O que você falou estava na pauta? Você levou a conversa adiante? Você se manteve conciso?

É difícil ser sucinto e usar frases de efeito, mas essa é uma habilidade valiosa a ser aprendida, porque as pessoas tendem a se lembrar de trechos de impacto e a usá-los durante o resto da conversa. Uma frase de efeito não pode simplificar demais o assunto, mas deve afirmar brevemente sua posição principal. Dedique algum tempo a examinar a pauta da reunião antecipadamente e pense sobre alguns dos assuntos principais. Escreva seus pensamentos com antecedência e veja se encontra algumas frases assim para usar ao discuti-los.

Uma importante razão pela qual as pessoas falam demais nas reuniões é porque têm algo a dizer, mas ainda não descobriram como articular isso. Então, tomam a palavra e falam até encontrar um modo de transmitir o que desejam. Muitas vezes é preciso responder com espontaneidade em uma reunião, escolhendo as palavras para expressar um pensamento. Quanto mais você praticar maneiras de articular o que tem em mente, mais hábil será em fazer isso de improviso.

Preste atenção ao tempo que você gasta ao falar em uma reunião. Se falar durante mais de um minuto a cada turno da conversa, provavelmente está falando demais. Se falar por vários minutos, provavelmente está abordando vários pontos. Se quiser que as pessoas respondam ao que está dizendo, concentre-se em um ou talvez dois pontos por fala. Caso contrário, a maior parte do que disser será perdido. Além disso, se tiver fama de dominar as reuniões, as pessoas podem nem dar atenção ao que você diz, diminuindo muito seu impacto.

Por fim, um pecado capital em reuniões é o "eu também", quando uma pessoa aborda um ponto importante e, depois, várias outras pessoas tomam a palavra para dizer essencialmente a mesma coisa (talvez em termos variados). Antes de levantar a mão em uma reunião, pergunte a si mesmo se tem uma contribuição nova. Se alguém expressar o que parece ser uma opinião pouco popular e você concordar com ela, precisa falar para apoiá-la, mas isso pode ser feito rapidamente. Evite a tentação de tomar a palavra apenas para percorrer o mesmo terreno que os oradores anteriores já cobriram. E tome um cuidado especial para não repetir um ponto levantado por outra pessoa sem reconhecer quem disse isso primeiro. Uma observação comum é que as pessoas mais poderosas repetem um ponto abordado por alguém menos poderoso na sala e, no fim, recebem o crédito pela ideia.

Para ser um comunicador eficaz em reuniões, evite dominar as discussões. Ao coordenar o debate, mantenha a fluidez, mesmo que haja um ou mais dominadores na sala. No fim desta discussão sobre reuniões, vou falar sobre estratégias eficazes para coordenar e vou explorar algumas maneiras de controlar as pessoas que, de outro modo, poderiam dominar.

O que não é dito

Há vários anos, quando eu era consultor de uma grande empresa, participei de uma reunião de duas horas em que um líder organizacional propôs uma discussão sobre uma nova iniciativa desenvolvida. Muitas pessoas falaram, e algumas correções amigáveis foram adicionadas à proposta. Enquanto saíamos, fiquei atrás de dois gerentes de médio escalão. Um se inclinou para o outro e disse vários motivos pelos quais o plano estava equivocado. Alguns dos pontos que ele mencionou mereciam ser considerados e discutidos. Infelizmente, nenhum deles foi citado durante a reunião, quando poderiam ter influenciado a direção da proposta.

O CÉREBRO DE JAZZ

O silêncio é uma nota

Músicos de jazz adoram sua vez de fazer um solo. No início, é tentador encher esse momento com o máximo possível de floreios. Mas, como disse o grande trompetista Miles Davis, "não são as notas que você toca, são as que você não toca".

Da mesma forma, ao falar em público ou em uma reunião, você talvez tenda a cair em tiques verbais que o ajudam a manter a palavra: "hum" para encher uma pausa ou "sabe?" para terminar uma frase. Esses sons ou essas palavras podem sair automaticamente de sua boca, mas logo se tornam irritantes para quem ouve.

Se reparar que está usando tiques verbais (ou se alguém indicar isso), precisa praticar substituí-los com silêncio. Um modo fácil de fazer isso é falar mais devagar em conversas e reuniões. É difícil controlar as frases quando fala depressa, mas, se tiver calma, você pode começar a ouvir os ruídos que faz para preencher o silêncio. E, quando você fala mais devagar, também tende a enunciar melhor, e os outros terão mais facilidade para entender tudo o que você diz.

Quando as organizações desenvolvem novas iniciativas, os planos delas são tão bons quanto o conhecimento coletivo das pessoas que trabalham ali. As reuniões são uma das maneiras de tentarmos acessar esse conhecimento. As pessoas, no entanto, encontram barreiras para falar e compartilhar seu conhecimento.

Algumas empresas simplesmente não querem opiniões contrárias (não importa o quanto digam que querem). Lena trabalhava para uma organização sem fins lucrativos que se concentrava em alunos de escolas públicas. A organização tinha uma forte base de doadores e uma missão poderosa. Como qualquer outra, tinha programas que funcionavam bem e alguns que precisavam melhorar. A liderança era rápida para divulgar as grandes coisas que faziam e afirmava incentivar os membros da equipe a sugerir melhorias nos programas. Infelizmente, nenhuma ação foi tomada com base em nenhuma das sugestões de Lena. Ela parou de dar feedback e, no fim, saiu do emprego para ir para uma organização mais receptiva às ideias dela.

Você precisa julgar, com base nos atos da gerência, se as pessoas estão realmente interessadas em sugestões para melhorar a organização. Quando você se encontra em uma posição de autoridade, é importante ouvir as recomendações dos funcionários e fazer um acompanhamento depois para que saibam se alguma medida foi adotada.

Se quer de fato ouvir críticas construtivas às novas ideias, é importante dar às pessoas tempo para pensarem sobre suas preocupações antes de uma reunião. Você pode circular propostas com antecedência e incentivar o envio de comentários. Você também pode se oferecer para criar uma lista anônima de comentários, caso algumas pessoas se preocupem em ficar com fama de ser do contra.

Desenvolva estratégias para oferecer seu próprio feedback construtivo às propostas. No começo de seu trabalho em uma organização, talvez você não se sinta à vontade para expressar suas opiniões em reuniões. Se for assim, procure um colega de confiança ou seu supervisor para discutir suas ideias. Peça conselhos sobre a forma mais apropriada, dentro da cultura da organização, para fazer comentários, de modo que você fique mais à vontade ao enunciá-los em um ambiente coletivo, além de reuniões individuais.

Planejar reuniões de trás para a frente

O sucesso de uma reunião é crucialmente determinado pela estrutura. No início da carreira, você talvez não tenha tantas oportunidades de coordenar reuniões. Esse é um ótimo momento de colocar seu cérebro social para funcionar e observar como as pessoas que admira organizam reuniões. Nesta seção, apresento algumas sugestões para maximizar o valor das reuniões que você coordena.

A coisa mais importante que você pode fazer ao organizar uma reunião é começar pelo que os educadores chamam de "projeto de trás para a frente". Sempre que criar uma experiência para outras pessoas – seja um curso, uma palestra, seja uma reunião –, comece pensando pelo objetivo final. O que você quer realizar? Você quer que os participantes estejam diferentes ao fim da experiência em relação ao modo como estavam antes de começar? Então, concentre todos os seus esforços em alcançar esse objetivo.

O trabalho começa ao decidir quem deve estar presente na reunião. Você precisa de pessoas com conhecimento relevante para resolver os problemas a ser abordados. Você necessita de *stakeholders* que talvez precisem aprovar os resultados da reunião. Identifique os indivíduos que devem estar a par dos desenvolvimentos relacionados ao que será discutido.

E também pense em quem *não* precisa estar lá. A dinâmica de uma reunião muda muito conforme o grupo fica maior. Quando três pessoas trabalham juntas, todos participam. Conforme o número aumenta, fica mais fácil que algumas pessoas desapareçam. Quando há dez pessoas na sala, existe uma boa chance de que várias delas não digam nada. Se houver vinte ou mais pessoas, a reunião tende a se tornar uma série de apresentações, não um debate dinâmico.

Em seguida, construa uma pauta clara. Concentre-se em discussões e atividades que ajudem a chegar ao objetivo. Estabeleça uma linha de tempo para garantir que vocês não se afastem do assunto e concluam os itens na pauta. É comum passar muito tempo nos primeiros itens e correr nos demais.

Trabalhei em um comitê de uma grande universidade cujas reuniões costumavam envolver muitos dos administradores de alto escalão. Com tanta experiência na sala, seria ótimo trabalhar com problemas importantes enfrentados pela instituição, e sempre havia alguns na pauta. Porém, a reunião era estruturada para começar com alguns resumos de relatórios. Muitas vezes, só chegávamos aos assuntos importantes quando faltavam apenas alguns minutos para o fim. Essa reunião seria muito mais eficiente se começássemos pelos assuntos para discussão e deixássemos os relatórios para a segunda metade, porque todos poderiam lê-los depois caso não houvesse tempo suficiente para discuti-los. Aliás, esse comitê recentemente começou a circular os relatórios, pulando a leitura ao vivo, a menos que sobrasse tempo depois das discussões que faziam uso dos talentos presentes na sala.

Antes do início da reunião, distribua cópias dos documentos que você quer que as pessoas leiam. Lembre-as algumas vezes de ler os materiais a fim de que a discussão seja produtiva. Nada atrasa mais uma reunião que ter de resumir os documentos para uma ou duas pessoas que chegaram sem se preparar.

Ao coordenar reuniões, tome cuidado para não dominar. Você pode fazer uma breve fala de abertura, mas logo siga para os itens importantes na pauta e deixe que todos participem. Se souber que existe um dominador na reunião, pense em maneiras de garantir que todos tenham vez. Você pode fazer uma rodada e dar a todos uma chance de falar ou pedir antecipadamente a algumas pessoas que preparem coisas a apresentar.

Por fim, quando a reunião terminar, mande para todos os participantes um resumo do que aconteceu e destaque os principais pontos de ação. Esse resumo será especialmente útil se os outros tiverem uma lembrança diferente da reunião. Convide as pessoas a comentar o resumo, pois elas podem apontar coisas que você deixou passar. Você deve ajudar os participantes a mobilizar o cérebro motivacional; então, se uma pessoa específica precisar acompanhar algum item, mande-lhe um lembrete logo após a reunião com instruções específicas e um prazo para conclusão.

Se você tiver uma reputação de coordenar reuniões boas e produtivas, será notado e receberá mais oportunidades de participar de projetos interessantes.

Conversas difíceis

Mesmo que você que se comunique de modo perfeitamente claro, sempre existirão conversas que preferiria não ter. Por exemplo, no Capítulo 5, indiquei que você precisa admitir o que não sabe antes de aprender coisas novas. Mas pode ser difícil falar com alguém sobre as limitações de seu conhecimento e suas habilidades – principalmente se você sofre da síndrome do impostor.

De modo geral, as conversas difíceis acontecem em uma destas três situações: a primeira é quando você tem de revelar algo sobre si mesmo que preferiria que as outras pessoas não soubessem. A segunda é quando você precisa dar notícias ruins. A terceira é quando você tem de resolver um conflito de interesse com outra pessoa. Lidar bem com essas conversas exige prática.

A primeira das três situações é a mais direta. Existe uma regra simples aqui: qualquer informação profissional sobre você que as outras pessoas não conhecem e que você acha que refletiria mal em sua imagem se descobrissem é algo que você deve tentar contar o mais rápido possível.

Por exemplo, se cometer um erro no trabalho, você deve se responsabilizar imediatamente por ele e em seguida tentar consertá-lo. Os bons relacionamentos de trabalho são construídos sobre uma base de confiança. Você pode pensar que vai diminuir a confiança ao admitir o erro. Mas, como mencionei no Capítulo 5, os gerentes provavelmente vão confiar mais em você se assumir a responsabilidade imediatamente por seus erros que se tentar escondê-los. Quanto antes admitir um erro e trabalhar para consertá-lo, menos problemas esse erro vai causar. Ao escondê-lo, você pode aumentar o alcance dele, porque ninguém tenta consertá-lo.

Isso não significa que é confortável admitir erros. Não é. Você pode se sentir envergonhado. No momento, a pessoa para quem contar pode ter uma reação negativa. Você pode até ter problemas no trabalho (embora, como menciono no Capítulo 8, as organizações saudáveis não punam erros). Porém, no longo prazo, você vai aprender mais e conseguir mais responsabilidades mais depressa se admitir seus erros e se aprimorar que se não fizer isso.

O segundo tipo de conversa difícil – dar más notícias – envolve contar algo que alguém não quer ouvir. O resultado é que, apesar de seus esforços, essa pessoa pode não gostar muito de você. Outra das cinco grandes características de personalidade é a afabilidade, que reflete sua motivação para fazer as pessoas gostarem de você. Quanto mais afável você for, mais difícil será dar más notícias e, mesmo que não seja muito afável, provavelmente não será agradável fazer isso. Você vai temer até ter essa conversa. Então, quando enfim falar, talvez tenha dificuldade de dar a notícia diretamente.

Ao dar más notícias, faça isso da maneira mais construtiva possível. Sal é um supervisor com vários subordinados diretos. Uma funcionária que havia trabalhado com ele durante um ano não tinha atendido às expectativas do cargo. Ele precisava contar que ela estava sob observação. E começou dizendo que precisava dar algumas notícias ruins. Depois, repassou os critérios para o cargo em que a funcionária tinha sido insatisfatória e disse que precisava colocá-la sob observação, descrevendo exatamente o que isso significava. Em seguida, recontextualizou essa notícia ruim como uma oportunidade. E reafirmou que a empresa só contratava funcionários com potencial de serem bem--sucedidos. Ele explicou à funcionária quais recursos estavam disponíveis para ajudá-la a melhorar seu desempenho e também disse que estava disponível para responder a perguntas.

Com clareza, Sal expôs as notícias ruins e o que levou à avaliação negativa. Basicamente, ele tornou a conversa o mais produtiva possível ao destacar o caminho a seguir, em vez de reclamar do passado.

A importância de ser claro, empático e produtivo é ecoada por uma história que foi contada por John Wright, da empresa Eagle's Flight. Ele disse que uma das lições mais difíceis que teve de aprender como líder foi dar um feedback claro e sincero a funcionários cujo desempenho precisava melhorar. Ao ser franco sobre o que estava errado e como melhorar, ele aumentou o número de oportunidades de elogiar as realizações posteriores das pessoas. A dor das conversas difíceis era recompensada pela alegria de compartilhar o sucesso dos subordinados.

Outro tipo de notícia ruim ocorre quando você precisa negar uma solicitação. Marc Musick, reitor associado sênior na Universidade do Texas, estava conversando com um grupo de líderes emergentes. Ele falou sobre como lidar com situações em que é preciso rejeitar a solicitação de um departamento. Marc conta que sempre trata essas rejeições como parte de um processo de solução de problemas: diz às pessoas que fizeram a solicitação que ele não pode fazer exatamente o que lhe foi pedido, mas apresenta alternativas para ajudá-las a atingir seus objetivos. Depois, ele se oferece para trabalhar com elas para seguir essas opções.

Algumas vezes, as más notícias que você precisa dar envolvem alguém que fez algo que viola uma política ou requer uma correção. Lucienne tinha um funcionário que perturbava o grupo, expressando raiva e gritando sempre que alguma coisa dava errado. O primeiro passo dela para ter uma discussão produtiva com essa pessoa foi se concentrar nas ações verificáveis e falar sobre como os colegas reagiam às explosões dele.

É tentador começar a falar sobre os motivos quando discutimos as ações das outras pessoas. Isso pode deixá-las na defensiva se discordarem de como você vê as razões por trás do comportamento delas. Se, em vez disso, você se concentrar no que aconteceu e em como os outros reagiram, fica mais fácil evitar a defensiva. Você pode pedir à pessoa para explicar por que agiu daquele modo e, depois, passar a uma discussão sobre como abordar circunstâncias similares de outro modo no futuro.

Lucienne fez seu funcionário falar sobre a frustração que sentia em algumas situações, e os dois criaram um plano para que ele desse uma caminhada rápida quando se sentisse incapaz de interagir bem com os colegas. Durante essa caminhada, ele pensaria no que queria comunicar sobre a situação e em como se reconectar com o grupo quando voltasse.

As conversas mais difíceis ocorrem quando existe um conflito de interesses entre as partes. Isso requer alguma negociação ou outro método para resolver uma disputa, porque as duas partes não vão conseguir o que desejam.

Conflitos de interesse exigem as mesmas habilidades que exploramos no Capítulo 4, quando falamos sobre a negociação de propostas de emprego. Quando o conflito é grave, você precisa começar se certificando de que entende ao máximo o que a outra pessoa quer e por quê. Depois, em vez de discutir qual solicitação merece mais ser atendida, trate a conversa como um exercício de solução de problemas. Existem recursos ocultos que permitam que vocês consigam o que desejam de modo diferente? É possível fazer compensações de alguma forma? Por exemplo, uma parte consegue o que deseja naquele momento, e a outra consegue o que quer da próxima vez que um conflito surgir?

Essa abordagem funciona especialmente bem ao resolver conflitos com colegas. É inevitável que haja momentos em que vocês querem coisas diferentes. É essencial encontrar maneiras de trabalhar juntos para o bem da organização. No longo prazo, as pessoas mais bem-sucedidas são aquelas que se dispõem a criar soluções novas quando os recursos são limitados.

Se seu conflito com um colega parece ser de solução impossível, pense em um terceiro elemento neutro para mediar a situação. Mesmo que você adote uma postura de solução de problemas nas negociações, a outra parte pode ter dificuldade para confiar em você. Nesse caso, pode ser útil que uma terceira pessoa trabalhe com vocês dois para chegar a uma solução. Algumas empresas têm um ombudsman que media conflitos.

O que significa quando você acha que a comunicação é ruim no trabalho

As pesquisas de engajamento de funcionários se tornaram um modo comum de avaliar a saúde de uma organização. Essas pesquisas exploram muitos aspectos do ambiente de trabalho, entre eles salário, satisfação com as funções que exerce, satisfação com a gerência e eficácia das comunicações organizacionais.

Muitas vezes, um dos primeiros grandes sinais de que uma organização está com problemas é que os funcionários dão notas baixas em comunicação. Em resposta, as organizações naturalmente tentam melhorar o modo como se comunicam com eles. Uma solução comum é desenvolver um boletim ou adicionar e-mails em massa para divulgar novas iniciativas. Embora essas mudanças sejam feitas com a melhor das intenções, elas muitas vezes deixam de abordar o problema subjacente, porque a frequência ou a clareza das comunicações não foi o que de fato levou às notas baixas na pesquisa.

Em geral, o que as pessoas realmente querem dizer quando reclamam sobre comunicação é que, em alguns casos, elas não tinham as informações de que precisavam ou queriam em dado momento. Isso pode acontecer porque a organização não se comunica com frequência ou clareza suficientes, mas muitas vezes reflete outros problemas. O processo de tomada de decisão da organização pode não envolver tantas pessoas quanto os funcionários gostariam. As pessoas da organização podem discordar dos papéis desempenhados por funcionários específicos, e, assim, uma pessoa fica sem saber de que informação a outra precisa.

Há vários anos, trabalhei com um grupo acadêmico em que muitos funcionários reclamavam que a comunicação da gerência era ruim. Depois de muitas discussões, alguém mencionou que a descrição de seu cargo era vaga e que raramente sabia quais tarefas fazer e quais delegar a outros. Essa pessoa esperava que seu supervisor fosse mais claro sobre quais funções ela deveria desempenhar. Por outro lado, o supervisor achava que a funcionária entendia suas responsabilidades. Então, o problema fundamental era menos de comunicação e mais de estrutura organizacional e clareza dos papéis.

Falando de modo prático, as queixas sobre comunicação sinalizam que as pessoas sentem não serem informadas de coisas que deviam saber. Determinar por que não recebem essas informações exige trabalho adicional. É importante começar com casos específicos em que alguém deixou de obter a informação necessária e, depois, explorar como a informação é transmitida normalmente a fim de avaliar o que de fato precisa ser feito para resolver o problema.

PONTOS PRINCIPAIS

Seus cérebros

CÉREBRO MOTIVACIONAL

- A extroversão reflete quanto você gosta de estar no centro das atenções em situações sociais.
- O narcisismo reflete sua crença de que é superior aos outros.
- A afabilidade reflete quanto você deseja que as pessoas gostem de você.

CÉREBRO SOCIAL

- Comunicação é uma atividade coordenada entre indivíduos; quem fala e quem ouve participam ativamente nas conversas.
- Muitas vezes, nós nos comunicamos indiretamente para parecermos educados.
- Ao conversar com um grupo em um espaço compartilhado, usamos muitas dicas não verbais para determinar quem deve falar a seguir. Isso é difícil de fazer em reuniões virtuais.

CÉREBRO COGNITIVO

- A comunicação é melhor quando pequenos grupos estão em contato visual em tempo real. Desvios desse ideal aumentam as chances de mal-entendidos.

- Conhecimento mútuo é o conhecimento compartilhado entre os oradores.

Suas dicas

- A comunicação escrita exige habilidade em estimar o que as outras pessoas sabem.
- A comunicação escrita muitas vezes desperdiça tempo porque se transforma em uma conversa com lacunas.
- Comunicar muitas solicitações por texto pode fazer com que você pareça rude.
- Telefonemas permitem acesso apenas ao tom de voz; as videoconferências adicionam expressões faciais. É difícil coordenar discussões em grupo ou reuniões usando esses meios.
- Tome cuidado para não dominar as reuniões.
- Preste atenção às reações que os demais têm diante de suas contribuições nas reuniões.
- Ao coordenar uma reunião, crie um projeto de trás para a frente.
- Aprenda a falar com os outros sobre os erros que você comete.
- Não evite conversas difíceis no trabalho; desenvolva estratégias para lidar com elas.
- Quando precisar negar um pedido, encontre um modo de ser construtivo.
- As reclamações sobre comunicação no trabalho muitas vezes dizem respeito ao acesso à informação.

7

Produzir

Você consegue um emprego ou uma promoção com base em seu potencial para beneficiar a empresa para a qual trabalha. Seu sucesso no emprego, no entanto, depende de alcançar esse potencial. Você precisa concretizar as coisas.

Em uma típica avaliação de desempenho, algumas de suas tarefas ou metas são explicitadas, e o avaliador determina se você cumpriu as expectativas ao executá-las. O maior elogio que pode receber é que superou as expectativas. Foi além do potencial que seus empregadores enxergam em você e tentou deixar todos ao redor mais eficientes também.

Para superar as expectativas, você precisa ter uma visão ampliada do que considera sucesso e fazer progresso contínuo na direção de seus objetivos. Neste capítulo, começo explorando algumas questões abrangentes que devem ser consideradas ao definir o sucesso. Depois, exploro as barreiras existentes para ser produtivo e as maneiras de vencê-las.

Cuidado com as falhas sistemáticas

Uma das pessoas mais produtivas que conheci é Craig Wynett, que por muitos anos foi diretor de treinamento na Procter & Gamble. Ele é um leitor voraz, pensa profundamente sobre maneiras de levar a ciência comportamental para uma grande corporação multinacional e mantém um arquivo com centenas de especialistas para quem pode ligar a fim de obter insights sobre os problemas com que lida. Quando se começa uma conversa com ele, é comum perguntar: "Como vai você?", ao que ele sempre responde: "Meio preguiçoso".

Acho essa resposta memorável – em parte porque sei que "preguiçoso" é a última palavra que alguém usaria para descrever Craig. Mais que isso, porém, esse é um maravilhoso contraponto à resposta típica, que é "Ocupado!". Quase todo mundo que conheço sente que trabalha no nível máximo. O dia começa com uma rodada de e-mails, depois reuniões, telefonemas, relatórios e mais reuniões. Se você é como essas pessoas "ocupadas", quando o dia termina tem dificuldade de resumir o que fez. E você pode nem deixar o trabalho na empresa porque os e-mails e as mensagens de texto vão acompanhá-lo pelo resto da noite em inúmeros dispositivos conectados.

Um problema central dessa mania de estar sempre ocupado é que você pode fazer muitas coisas sem vê-las se tornar algo importante. Peter Drucker fez uma distinção entre *realizações* e *contribuições* que é importante ter em mente. Uma realização é algo que você pode riscar da lista de coisas a fazer durante o dia. Responder a um e-mail, participar de uma reunião ou terminar uma análise para um relatório é uma realização. Uma contribuição é uma importante meta de alto nível, da qual – quando olha para o trabalho que fez – você sente orgulho. Fechar um acordo importante, escrever um livro ou lançar um produto é uma contribuição.

Sua vida profissional cotidiana (provavelmente) é cheia de realizações. Elas constituem a gama de tarefas que preenchem seu tempo. No entanto, é preciso estar atento para garantir que elas se transformem em uma contribuição significativa.

A maioria das organizações tem um processo anual de avaliação. Algumas são muito boas em fazer as pessoas pensarem sobre as contribuições que querem realizar no ano seguinte. É importante avaliar seu trabalho a cada ano, independentemente de alguém lhe pedir para fazer isso. O que você de fato quer fazer no ano seguinte? Quais são as coisas que você sente orgulho de ter feito?

Ao mesmo tempo, olhe para o progresso que fez no ano anterior em direção às contribuições que desejava alcançar. Se sentir que realizou algo significativo, comemore. E não deixe de olhar as *falhas sistemáticas* no passado.

Provavelmente alguma contribuição que esperava fazer nunca se materializou. Você talvez quisesse obter uma nova habilidade, concluir um projeto ou mudar uma política no trabalho. Marque todas as contribuições que desejava, mas não conseguiu. Isso lhe dirá que, se continuar a fazer as mesmas coisas no próximo ano, você continuará a fracassar.

Diante de falhas sistemáticas, as reações razoáveis são duas. Uma é perceber que uma contribuição que desejava fazer não é mais prioridade para você. Nesse caso, pode retirá-la da lista de metas para o ano seguinte. A outra é decidir que a contribuição é realmente importante para você. Então, deve examinar com cuidado as tarefas que ocupam sua rotina. A menos que encontre maneiras de acrescentar ações relacionadas a essa contribuição à agenda, continuará a fracassar.

Cultivar sua vizinhança

O sociólogo Alan Fiske fez uma incrível análise dos principais tipos de relacionamentos em que as pessoas se envolvem. Como é de imaginar, ele lhes deu nomes longos e exatos. Mas três dos mais importantes podem ser chamados coloquialmente de "família", "vizinhos" e "estranhos". Seu cérebro social é muito sintonizado com esses relacionamentos.

A família inclui as pessoas de quem você é mais íntimo. Você as vê com frequência e fala com elas com regularidade. Você participa de refeições, rituais e celebrações com elas. Como esses relacionamentos são próximos, quando você se envolve em transações com a família, em geral você não as registra. Os pais cuidam dos filhos sem enviar uma nota pelos serviços prestados. As famílias encontram maneiras de apoiar os parentes que passam por momentos difíceis.

No outro extremo do espectro estão os estranhos – pessoas que você não conhece bem ou talvez nem conheça. Você pode se envolver em uma conversa geral com elas, mas não há relação de confiança. Quando tem uma transação com um estranho, há uma taxa pelo serviço. Você paga pelas mercadorias que compra no supermercado. Se um pneu fura na rodovia, e alguém encosta para ajudá-lo, você pode agradecer a essa pessoa oferecendo dinheiro. Mesmo que ela recuse, é a coisa certa a fazer. Você paga as dívidas com os estranhos no momento porque não sabe se os verá de novo ou se pode confiar que eles vão honrar seus compromissos.

Os vizinhos estão no meio desses extremos e são as pessoas que você conhece relativamente bem. Você fala com eles com frequência e inclui alguns detalhes pessoais na conversa. Você também pode comemorar com eles. Esse relacionamento cria um nível razoável de confiança, então, ao fazer uma transação com um vizinho, é possível acertá-la no longo prazo. Você pode pegar uma ferramenta emprestada sem pagar taxa de aluguel. Se o vizinho o ajuda a trocar um pneu furado, você não oferece dinheiro como forma de agradecimento, mas pode fazer um favor a ele logo depois. Os vizinhos dão atenção ao saldo das transações. Alguém que consistentemente falhe em contribuir acabará deixado de fora na vizinhança.

Idealmente, as organizações funcionam como uma vizinhança. Você espera que seus colegas o ajudem quando precisar e deve fazer o que puder para ajudá-los também.[1] Isso leva a outra dimensão da pro-

---

1. Algumas organizações buscam estabelecer outros relacionamentos entre os funcionários. Os militares, em especial, precisam que os soldados tenham um relacionamento de família – espera-se que estejam dispostos a morrer uns pelos outros, o que é uma dívida que não pode ser paga. Assim, muitos rituais no treinamento militar são planejados para criar uma família entre pessoas que começaram como estranhas entre si. Do mesmo modo, as organizações sem fins lucrativos podem tratar seus doadores como família, porque os grandes doadores fazem contribuições que nunca poderão ser pagas em espécie.

dutividade: você não só conclui as próprias tarefas, como ajuda seus colegas a fazer uma contribuição.

Esteja ciente das prioridades organizacionais e converse com seus colegas sobre o que querem realizar. Se você adotar as metas da empresa e as dos colegas como suas, seu cérebro motivacional vai ajudá-lo a notar quando puder fazer algo que as ajude, mesmo que ninguém tenha lhe pedido para fazer isso.

Quando estava na faculdade, eu trabalhava numa madeireira. Nos dias úteis, grande parte do trabalho era carregar caminhões de entrega com produtos para empreiteiros. Muitas vezes, vários pedidos eram separados logo de manhã, e cada um de nós tinha a tarefa de deixar um deles pronto para ser colocado em um caminhão. Um rapaz da empresa fazia questão de olhar todas as listas, de modo que, se pegasse produtos necessários para vários pedidos, podia levá-los para a área de separação, eliminando esforço dobrado. A estratégia dele logo se tornou a norma entre os funcionários.

A maioria das pessoas fará alguma coisa se um colega pedir. Contudo, para ser proativo e manter sua vizinhança, você deve considerar os objetivos das outras pessoas, bem como os seus. Então, seu cérebro motivacional vai naturalmente se envolver no que é chamado "planejamento oportunista". Quando você encontrar um objeto ou uma pessoa relacionado com uma meta que você adotou, seu cérebro motivacional vai orientar seu cérebro cognitivo em direção a esse objeto ou essa pessoa. Quando encontrar alguma coisa que pode ajudar seus colegas, você só vai reconhecer a oportunidade se souber quais são as metas deles.

Ser um bom vizinho traz reconhecimento por suas contribuições positivas e seu potencial de liderança. É claro que ajudar colegas não significa colocá-los como prioridade, acima de seus interesses. Você ainda precisa fazer sua própria contribuição para o trabalho. Simplesmente alertar um colega sobre uma oportunidade ainda é algo bom a fazer.

Barreiras à produtividade

Apenas saber qual contribuição você deseja fazer não garante que consiga realizá-la (infelizmente). Muitos fatores podem impedi-lo de atingir suas metas. Há diversas barreiras à produtividade em suas próprias ações no trabalho. Algumas delas se relacionam a ações de colegas. E fatores institucionais também podem impedir que você faça sua contribuição.

Fatores individuais

Um motivo importante para conhecer a si mesmo é que, assim, você conseguirá fazer um bom trabalho tanto ao se autogerenciar quanto ao gerenciar seu trabalho para ser mais eficiente. Vamos começar com seu corpo e seu cérebro.

Corpo e cérebro

Muitas pessoas acreditam que o cérebro é parecido com um computador. Seu computador não se importa com quanto tem sido usado recentemente. É só ligar, e ele está pronto para trabalhar. É possível tratar seu cérebro como se fosse independente do corpo. Claro, você pode estar cansado, mas um pouco de cafeína vai ajudá-lo a aguentar o dia. De qualquer modo, o estado de seu corpo tem efeito profundo sobre o estado de sua mente.

Talvez a coisa mais importante a fazer por sua produtividade seja ter um sono regular. As pessoas são muito diferentes em relação ao sono de que precisam – e esse critério provavelmente vai mudar durante a vida. Você pode fazer um teste bem simples para saber se está dormindo o suficiente. Leia algo complexo durante uma tarde em que não tomou nada de cafeína nas três horas anteriores. Se tiver dificuldade para se concentrar e perceber que está cochilando, não está dormindo o suficiente.

O bom sono afeta todos os aspectos do cérebro. Seu cérebro motivacional vai ficar mais concentrado em seus objetivos. Seu estado emocional será melhor. O sono recupera parcialmente uma estrutura cerebral chamada "amígdala", que está associada a reações em relação ao medo e à ansiedade e ajuda você a separar a resposta emocional a uma situação e a lembrança daquela situação. Desse modo, as lembranças negativas têm menos probabilidade de deprimir seu estado de espírito se você dormir regularmente.

Quanto mais jovem você for, mais afetado será pela interrupção do sono. Aos 20 anos, uma noite maldormida pode tornar difícil se concentrar no dia seguinte e aprender novas coisas. Conforme fica mais velho, os efeitos negativos da privação do sono referem-se mais ao longo prazo do que ao curto prazo. Dormir mal na meia-idade não tornará o dia seguinte necessariamente ruim, mas dormir mal com frequência na meia-idade está associado a problemas cognitivos na velhice.

A maioria das pessoas lida quimicamente com a privação de sono, em vez de apenas dormir mais. É provável que você consuma cafeína todos os dias. A cafeína faz com que você se sinta alerta, mesmo nos dias em que não dormiu o suficiente. Porém, estudos sugerem que o sono melhora seu cérebro cognitivo, ajudando você a lembrar as coisas que está aprendendo, e a cafeína não faz isso. Ainda assim, nem tudo está perdido. Para ajudar você a aprender, um cochilo é muito mais eficiente que a cafeína e vai restaurar outras funções do cérebro.

O exercício aeróbico também melhora a produtividade. Vários estudos com crianças, adultos jovens e adultos mais velhos sugerem que o exercício regular (pelo menos trinta minutos por dia) melhora aspectos do cérebro cognitivo como atenção e memória, além da saúde geral do cérebro. O exercício é especialmente importante para garantir que o cérebro continue saudável quando você fica mais velho, mantendo-o produtivo durante toda a vida.

Engajamento ideal

Normalmente, você quer realizar o máximo de tarefas todos os dias, mas sua lista de afazeres nunca termina. A primeira coisa, então, é determinar o que você de fato precisa executar. Isso significa ter uma agenda ou uma lista de afazeres para que as tarefas importantes não sejam esquecidas. Em seguida, separe um tempo para fazê-las.

Não confie em seu cérebro cognitivo para manter uma lista das tarefas a realizar. Os seres humanos inventaram a escrita por um motivo. A memória humana é ótima para extrair informações relevantes para situações imediatas. Quando vê um colega, você consegue se lembrar de conversas anteriores com ele ou de algo que lhe prometeu fazer. Mas sua memória não é tão boa para rastrear listas arbitrárias de coisas, como sua agenda. Isso é especialmente verdadeiro quando uma lista precisa de revisão frequente. Além disso, você não passa muito tempo estudando os itens que tem a fazer, então é melhor escrevê-los em um só lugar.

Aqui estão algumas estratégias para elaborar uma lista de tarefas. Primeiro, estime quanto tempo cada tarefa despenderá. Depois, se descobrir que tem 15 minutos livres, pode realizar uma tarefa curta em vez de ser tomado por seus e-mails. Em segundo lugar, examine sua lista todos os dias e reveja as prioridades. Alguns itens podem estar no fim porque os prazos estavam longe quando você escreveu a lista, mas os prazos costumam se aproximar rapidamente.

Você deve ter uma agenda, além de uma lista de tarefas. No início da carreira, pode achar que não precisa de uma porque não tem muitas reuniões. Mas o número de compromissos em sua agenda aumenta aos poucos, e você pode não perceber quanto de seu tempo está reservado antes de começar sua lista de tarefas.

Um motivo importante para usar uma agenda é que você pode bloquear períodos para trabalhar em itens da lista relacionados aos seus objetivos de longo prazo. Você também pode colocar itens com prazos longos em sua agenda, escolhendo uma data para trabalhar confortavelmente em determinada tarefa, a fim de concluí-la a tempo.

Quanto tempo é razoável para concluir uma tarefa? Para responder a essa pergunta, vou usar a curva Yerkes-Dodson, conceito que Robert Yerkes e John Dodson cunharam em 1908. Os psicólogos que estudam o cérebro motivacional sabem há tempos que você só fará progresso em relação a seus objetivos se estes estiverem ativos ou, no jargão da psicologia, *estimulados*. Quando um objetivo tem baixo nível de ativação, você não faz muito para atingi-lo. Conforme o nível de ativação sobe, seu desempenho também aumenta, até certo ponto. Yerkes e Dodson propuseram que aumentos na ativação acabam levando a uma diminuição no desempenho. Pense nesse excesso de ativação como pânico: você tem tanta energia que não consegue funcionar de modo eficaz. Então, há um nível ideal de ativação para um bom desempenho.

As pessoas diferem em seu nível de ativação de descanso. Olhe em volta. Algumas estão constantemente motivadas a fazer coisas. Elas gostam de terminar tarefas bem antes do prazo. Outras têm um nível de descanso mais baixo. Elas precisam ser estimuladas antes de fazer algo em um projeto, e um prazo próximo é algo que as motiva. Casey me disse que descobriu na faculdade que é mais produtiva quando tem muito a fazer, e não apenas alguns projetos. Esse é um sinal de ativação baixa. Pessoas como Casey precisam de um pouco de caos para sentir que dão seu máximo. Muito trabalho levaria uma pessoa de alto nível de ativação ao extremo da curva de Yerkes-Dodson.

Então, você precisa se conhecer e conhecer as pessoas que o rodeiam. De quanta energia precisa para estar pronto para trabalhar? Quanta ativação é demais para você? O objetivo é administrar sua carga de trabalho para que você fique naquele ponto ideal em que tem energia suficiente para estar motivado, mas não tanta que não consiga mais fazer avanços.

Algumas vezes, pode ser que tenha de trabalhar com alguém cujo nível de ativação de descanso é diferente do seu. Se você for uma pessoa de alta ativação, e seu colega for de baixa ativação, vocês podem ter problemas – você talvez precise de algo que ele não vai terminar até que o prazo esteja tão perto que seu ponto ideal já tenha passado. Quando reconhecer essa possibilidade, combine com seu colega para garantir que você receba o que precisa para trabalhar de modo ideal. E, se você for uma pessoa de baixa ativação, talvez seja bom criar prazos fictícios para si mesmo a fim de garantir que ajude seus colegas de alta ativação a trabalhar de modo eficiente.

Outro fator que afeta sua ativação é o número de alertas tecnológicos que você recebe. E-mails, mensagens de texto, mensagens instantâneas e telefones tentarão interrompê-lo o dia inteiro. Paige, que é mentora, nos aconselha a desligarmos todos os alertas possíveis. Esses alarmes aumentam os níveis de ativação e nos distraem das tarefas, diminuindo nossa produtividade.

Alertas também são um convite a multitarefas. Décadas de pesquisa psicológica sobre o cérebro cognitivo, normalmente feita com o título de *desempenho de tarefa dupla* (um modo de dizer "fazer duas coisas ao mesmo tempo"), demonstram que, quando entremeia duas tarefas, você piora em ambas. Quando a parte de funcionamento executivo de seu cérebro tem de mudar entre tarefas, o desempenho diminui.

Esse alternar entre tarefas cria dois problemas. Primeiro, as informações relativas à primeira tarefa que você está desempenhando precisam ser desativadas, e as informações relativas à segunda tarefa têm de ser ativadas. Isso leva tempo. Em segundo lugar, quando você voltar à primeira tarefa, provavelmente terá perdido o foco, o que leva a desaceleração no trabalho. Então, será mais produtivo quando se concentrar primeiro em uma tarefa e depois na outra. Remover os alertas do ambiente é uma ótima maneira de evitar as multitarefas.

Para gerenciar suas tarefas, você também precisa decidir o que deve aceitar e o que deve recusar. Andy disse que vê muitos novos funcionários aceitando trabalho demais, supondo que é um bom movimento na carreira, e então veem o excesso de trabalho acabar com a produtividade. O número de horas que você pode trabalhar em uma semana é de fato limitado, então concentre esforços ao máximo nos itens que o ajudarão a fazer sua contribuição. Quando lhe pedirem para assumir algo novo, considere os outros itens em sua lista de tarefas para garantir que não vai deixar tarefas valiosas de lado.

Um comentário recorrente neste livro é que dizer "não" é difícil, mesmo que seja importante se afirmar. Já mencionei que a afabilidade é uma característica central de personalidade. Se você for uma pessoa afável, não vai querer negar os pedidos dos outros. Um problema similar afeta as pessoas com alta conscienciosidade. Como discutimos no Capítulo 5, as pessoas conscienciosas gostam de completar tarefas, então estão motivadas a fazer coisas na organização. Essas duas características podem levar as pessoas a assumirem mais do que conseguem e, depois, se sentirem mal quando não são bem-sucedidas.

Felizmente existem duas estratégias para as pessoas que têm dificuldade em dizer "não". Você pode começar pedindo permissão para recusar um pedido. Pode dizer que está muito sobrecarregado no momento e perguntar se outra pessoa não poderia fazer o trabalho. Dessa forma, fica sabendo quais solicitações podem ser delegadas com segurança. E, se a solicitação for algo que você realmente precisa fazer, é possível pedir ajuda para delegar algo de sua lista de tarefas para outra pessoa. Olhe para os itens de alta prioridade ou mais demorados e peça recomendações de pessoas que poderiam realizá-los para que você possa se concentrar na nova solicitação. É melhor manter uma lista de tarefas administrável que decepcionar as pessoas ao não concluir coisas que você prometeu fazer.

O valor do tempo longe do trabalho

O ditado "Nem só de trabalho vive o homem" é bem antigo. Quem cunhou essa frase acertou em cheio. Faz muito sentido se afastar do trabalho com certa regularidade.

Como já mencionei neste capítulo, sono e exercício são importantes para a saúde do cérebro, e é difícil conseguir ambos quando está trabalhando. Você já deve ter lido discussões sobre "equilíbrio entre

7 | Produzir   145

vida pessoal e profissional". Nem todos os grandes objetivos que quer alcançar na vida têm a ver com trabalho. Relacionamentos pessoais, românticos e familiares exigem tempo longe do trabalho. Os hobbies acrescentam riqueza à vida. E o mundo tem muitos lugares bonitos para ser visitados.

O CÉREBRO DE JAZZ

O ótimo é o inimigo do bom

Se você ouve muito jazz, sem dúvida já ouviu alguns solos ótimos. Diante dessas incríveis apresentações, tudo bem relutar em tocar um solo. Afinal de contas, é provável que cometa alguns erros. No mínimo, pode não ficar à altura dos padrões estabelecidos pelos grandes artistas que vieram antes.

Kristen, veterinária, disse que o maior empecilho à produtividade em seu campo é o perfeccionismo, que impede que as pessoas sejam decididas e deleguem tarefas a outras que podem realizá-las não tão bem.

Porém, para ter sucesso você precisa estar disposto a experimentar coisas nas quais ainda não se aperfeiçoou. Em geral, o melhor projeto é um projeto concluído, mesmo que tenha falhas. Qualquer grande projeto tem aspectos a ser aperfeiçoados. Isso pode ser feito depois. Lembre-se de que mesmo os melhores especialistas começaram em algum lugar. Você pode não ver os erros iniciais deles, o que não quer dizer que nunca os cometeram e que não continuam a cometê-los.

Finalmente, é preciso estar disposto a delegar. Conforme avança em sua carreira, você obtém o conhecimento que lhe permite fazer coisas que as outras pessoas não conseguem. Concentre esforços nessas coisas. Delegue tarefas que os outros podem fazer bem o bastante, mesmo que você ache que poderia fazer melhor.

É claro que o equilíbrio entre vida pessoal e profissional não significa que todos os dias, semanas ou meses têm de ser perfeitamente equilibrados. Algumas vezes, você tem de enfatizar facetas específicas da vida em detrimento de outras. Como aluno de pós-graduação e jovem professor, inclinei a balança na direção do trabalho, a fim de concluir meus estudos, começar minha carreira e conseguir um emprego. Depois de ter filhos, esse equilíbrio mudou mais para a família. O fundamental é avaliar anualmente como você se sente em relação ao tempo que passou no trabalho e em outras situações para ver se está feliz com as escolhas que fez. O fim do ano (quando as pessoas muitas vezes pensam em resoluções de Ano-Novo) é um bom momento para pensar de modo mais amplo sobre suas prioridades.

Mesmo quando seu foco principal é o trabalho, há bons motivos para se afastar do que está fazendo. Por um lado, as outras experiências que você tem podem alimentar sua vida profissional de maneiras inesperadas. Eu não incluiria seções "O cérebro de jazz" neste livro se não fosse pelo tempo que passo todas as semanas ouvindo música, estudando saxofone e tocando com minha banda.

O tempo longe do trabalho aprimora seu cérebro cognitivo e o ajuda a solucionar problemas. Sem isso, sua memória tende a se apegar a soluções específicas. As informações que você recupera da memória inibem alternativas que também poderiam ajudá-lo a resolver um problema. Quando você se afasta dele, sua memória se renova, permitindo que você volte e obtenha outras informações.

Já mencionei os benefícios do sono regular. Outro é que você tende a perder alguns dos detalhes das coisas com que está preocupado, e sua descrição de um problema se torna mais abstrata. "Dormir com" um problema difícil permite que essa descrição mais abstrata recupere informações da memória que são diferentes do que você lembrou no dia anterior.

Por todos esses motivos, é uma boa ideia se afastar com frequência do trabalho.

Fatores sociais

Você não tem controle completo sobre sua produtividade, e colegas e supervisores podem ter uma profunda influência sobre o que você faz. Você precisa superar os desafios para trabalhar de modo eficiente com as pessoas ao redor. E o ambiente organizacional moderno pode apresentar barreiras, como um escritório aberto ou a necessidade de trabalhar remotamente. Vou mencionar essas questões nesta seção.

Vizinhos ruins

Anteriormente, neste capítulo, sugeri que você deve encontrar maneiras de apoiar sua comunidade. Infelizmente, nem todos aqueles com quem você trabalha interagem do mesmo modo. Algumas organizações recompensam as realizações individuais mais que o trabalho de equipe, e algumas pessoas cuidam apenas de si mesmas. Você precisa se perguntar se pode prosperar nesse ambiente.

Uma quantidade cada vez maior de estudos sobre a personalidade se concentra no que é chamado de "tríade sombria": psicopatia, maquiavelismo e narcisismo. Os *psicopatas* são emocionalmente frios e tendem a ser manipuladores, impulsivos, sedutores e desonestos. O *maquiavelismo* é a tendência a manipular as outras pessoas para alcançar os próprios objetivos. Os *narcisistas* acreditam que são melhores que todos os outros e devem ser ouvidos. Muitos narcisistas usam elogios para alimentar sua autoestima e ficam com raiva quando sua autoridade é desafiada.

Os colegas que exibem essas tendências criam um ambiente ruim de trabalho. Eles podem tentar manipular você para benefício próprio sem considerar o impacto sobre sua carreira. E podem tentar assumir o crédito dos sucessos de uma equipe e culpar os outros pelos fracassos.

Se você perceber essas características em seus colegas, faça o que puder para se isolar das consequências mais negativas do comportamento deles. Converse com um supervisor sobre suas preocupações. Documente suas interações com esses indivíduos para se proteger caso tentem culpá-lo por um problema.

A situação mais difícil de lidar é quando seu chefe demonstra as características da tríade sombria. Um chefe narcisista vai assumir o crédito pelo sucesso do grupo em vez de apoiar sua carreira. Trabalhar para alguém assim proporciona pouco benefício no longo prazo. Tente encontrar aliados em outros grupos e tente se transferir para outra unidade ou setor. No curto prazo, você pode fazer com que suas melhores ideias pareçam ser do seu chefe a fim de participar dos projetos em que deseja trabalhar. Mas não espere receber crédito se os projetos forem bem-sucedidos.

Trabalho eficiente em grupo

Nem sempre é fácil trabalhar em equipe, mesmo quando todos querem colaborar. A maior parte de sua educação se concentrou na excelência individual. Você provavelmente não teve muito treinamento explícito em como juntar seus talentos com os das outras pessoas ou como construir uma equipe eficiente. Estudos sugerem que apenas escolher os melhores desempenhos individuais pode não levar aos melhores resultados em grupo. A pesquisa de John Hildreth e Cameron Anderson revelou que, quando um grupo consiste inteiramente de pessoas em funções de liderança, seu desempenho na solução de problemas é pior que quando inclui pessoas que costumam liderar e que costumam seguir. Há diversos livros sobre trabalho em equipe, mas quero destacar alguns pontos-chave relativos a produtividade.

Da mesma forma que um time de basquete precisa de jogadores com habilidades diversificadas na quadra, sua equipe de trabalho precisa reunir um conjunto de habilidades. Aqui está uma boa lista inicial de membros desejáveis:

- alguém com uma visão geral do que a equipe quer realizar;

- alguém que seja altamente consciencioso e garanta que os membros da equipe tenham tarefas específicas e que a concluam a tempo;
- alguém com conhecimento na área dos problemas que vocês vão resolver;
- alguém que possa se comunicar de modo eficiente sobre o trabalho que é feito;
- para projetos de inovação, um especialista generalista (como discutido no Capítulo 5);
- pelo menos duas pessoas que tenham moderada a baixa afabilidade e, assim, estejam dispostas a criticar e a fazer objeções.

É claro que algumas pessoas preenchem vários desses critérios, então o grupo não precisa ser enorme.

Com equipes, você precisa administrar o pensar e o agir de seu cérebro motivacional (que apresentei no Capítulo 4). A dinâmica do grupo pode influenciar a motivação para completar uma tarefa. Muitas vezes, as equipes se prendem à primeira solução para um problema, querendo adotá-la e seguir adiante. Para garantir que terão tempo suficiente para discutir, defina um tempo ou uma data específica para chegar a uma decisão final. Isso vai reduzir a tendência de quererem terminar depressa. Tenha certeza de dar a todos da equipe tempo suficiente para contribuir, de modo a não deixar escapar perspectivas essenciais. E não concorde com o que todos os outros disserem, contribua para a conversa. Convém que o grupo permaneça no modo pensar enquanto gera soluções possíveis para um problema e que faça a transição para o modo agir quando estiver pronto para implementar um curso de ação específico.

O último elemento crucial das equipes eficientes é a disposição para fazer um acompanhamento do desempenho do grupo. Esses acompanhamentos algumas vezes são chamados de *debriefings* ou, na terminologia militar, "relatórios depois da ação". Scott Tannenbaum e

Christopher Cerasoli fizeram uma boa análise do valor dos *debriefings*. Várias qualidades caracterizam aqueles que melhoram o desempenho da equipe:

- os participantes estão ativamente dispostos a descobrir o que deu certo e o que deu errado;
- o *debriefing* é contextualizado como oportunidade de aprender, em vez de ser visto como uma tentativa de avaliar o desempenho do grupo.
- o *debriefing* se concentra em acontecimentos específicos, não em generalidades;
- o *debriefing* envolve informações de diversos membros da equipe, não só dos líderes ou observadores independentes.

Debriefings como esses ajudam os membros da equipe a aprender a colaborar de modo mais efetivo e determinar se a equipe tem lacunas a ser abordadas para o trabalho futuro.

Como administrar seu ambiente

O ambiente de trabalho é outro fator significativo para sua produtividade. Há cinquenta anos, o ambiente era bem homogêneo. As pessoas tinham um escritório individual ou o dividiam com um pequeno número de colegas. Elas chegavam de manhã e saíam no fim do dia (e faziam horas extras de vez em quando). Elas podiam ter de fazer algumas viagens de trabalho ou visitar clientes.

Agora, existem diversos ambiente de trabalho, e você pode ter a experiência de muitos deles no decorrer do tempo. Embora algumas pessoas ainda trabalhem em escritórios tradicionais, os planos abertos com baias (altas ou de meia altura) são populares. No *hot desking*, ou escritórios rotativos, as pessoas não têm um espaço de trabalho definido e escolhem um lugar a cada dia. Certas pessoas trabalham remotamente todos os dias ou algumas vezes por semana.

Esses ambientes pretendem dar às pessoas mais flexibilidade no modo como se envolvem com o trabalho. Eles aproveitam os avanços da tecnologia da informação que permitem a conexão com o local de trabalho mesmo a distância. Também têm o objetivo de promover a colaboração, ao não deixar as pessoas fechadas em escritórios.

No entanto, esses ambientes apresentam desafios. Pode ser difícil desenvolver hábitos de trabalho consistentes se seu ambiente muda diariamente. Os ambientes abertos provocam distrações. Seu sistema visual está sintonizado com o movimento, e alguém se levantar e olhar em volta para um ambiente de baias pode ser uma distração. As muitas conversas que ocorrem em um espaço de baias também causam dispersões. A pesquisa de Lauren Emberson, Gary Lupyan, Michael Goldstein e Michael Spivey sugere que ouvir metade de uma conversa (o que acontece quando você ouve alguém falando ao telefone) é uma distração especialmente forte, porque seu sistema auditivo não prevê o desenrolar da conversa. Os estudos também sugerem que você tem muito mais dificuldade de aprender informações novas quando ouve conversas ao redor do que quando trabalha em um lugar tranquilo.

Para ser mais produtivo em seu ambiente de trabalho, faça o que puder para manter seus hábitos. Hábitos exigem regularidade. Dedique alguns momentos a arrumar seu espaço para que tudo esteja onde você espera – seja trabalhando em casa, remotamente ou em uma mesa compartilhada. Desse modo, não vai ter de procurar materiais básicos nem outros objetos de que precisar. Tente fazer seu trabalho no mesmo local, sempre que possível, para criar uma mentalidade de trabalho.

Se trabalhar em casa, crie espaços que lhe permitam se afastar do trabalho. A conectividade constante da internet e dos smartphones torna bem difícil se afastar do trabalho, e, se o local de trabalho for sua casa, você terá lembretes constantes de que ainda não terminou suas tarefas. No mínimo, tenha um espaço em casa onde você nunca trabalhe e use esse espaço como um santuário quando estiver estressado. Eu, por exemplo, tenho uma sala de música onde toco saxofone. Nunca faço nenhum trabalho ali, então esse é um espaço protegido.

Ao trabalhar em um escritório aberto ou em um espaço público, como um café ou um coworking, encontre maneiras de minimizar as distrações. Pesquisas sugerem que música ou ruído branco ajudam algumas pessoas a se concentrar – mas não todas. Alguns estudos mostram, por exemplo, que os introvertidos se distraem mais que os extrovertidos com o ruído de fundo. Então, se estiver em um ambiente compartilhado e achar que a atmosfera o distrai, experimente diferentes tipos de ruídos de fundo (mas reconheça que talvez não funcionem para você). Ou então, se tiver uma tarefa que exige foco, encontre um local quieto para fazê-la. Muitos ambientes de escritórios abertos têm salas separadas que você pode usar quando precisa de um intervalo da agitação.

Por fim, trabalhe com seus colegas a fim de administrar sua disponibilidade para conversas rápidas. Quando é interrompido, mesmo para uma conversa breve, podem ser necessários vários minutos para voltar à tarefa, e isso pode acabar com sua produtividade. Tente desenvolver um sistema que indique a seus colegas quando não há problema em ser interrompido e quando você prefere trabalhar sem distrações. Muitos escritórios com baias começaram a usar indicadores vermelho, amarelo e verde para sinalizar disponibilidade para interrupção. O vermelho significa "Não perturbe", o amarelo significa "Prefiro não ser perturbado" e o verde quer dizer que você está disponível para uma conversa.

Se tiver dificuldade para trabalhar, faça testes com seu ambiente a fim de descobrir o que vai ajudá-lo a ser mais produtivo. Depois de perceber como trabalharia melhor, converse com seu supervisor para ver se consegue estruturar seu ambiente, atingir seus objetivos e, ao mesmo tempo, estar disponível para seus colegas quando necessário.

Fatores institucionais

No curto prazo, o estresse pode ajudá-lo a se concentrar no trabalho. Quando algo dá errado, por exemplo, você pode realizar muito em pouco tempo para resolver o problema. O estresse crônico, porém, acaba com a produtividade. O estresse é a reação de seu cérebro motivacional a situações em que tenta evitar um resultado negativo. Infelizmente, o próprio ambiente de trabalho pode, às vezes, ser fonte de estresse.

No Capítulo 2, mencionei a importância de entender seus próprios valores para o trabalho que faz. À medida que conhece a empresa para a qual trabalha, você pode descobrir que os valores dela divergem dos seus de alguma forma, e isso pode tornar o trabalho difícil de realizar. No Capítulo 9, discuto formas de pensar sobre esses conflitos de valor enquanto você pensa em futuros empregos.

Outros fatores institucionais que influenciam a produtividade estão relacionados com a maneira como os líderes afetam o que as pessoas fazem. No Capítulo 8, examino o alinhamento entre o que uma organização quer, o que as pessoas estão fazendo visivelmente e o que a organização recompensa. Nesta seção, porém, quero falar sobre o desvio no ambiente de trabalho que pode afetar a produtividade. No outono de 2017, o jornal *The New York Times* detalhou alegações de assédio sexual contra o produtor de cinema Harvey Weinstein, o que levou a uma discussão pública sobre assédio. O assédio no ambiente profissional com base em gênero, raça, etnia, religião ou orientação sexual não é novo, mas esse escândalo deixou as organizações mais dispostas a enfrentar o problema, em vez de varrê-lo para debaixo do tapete.

Se você acha que foi discriminado ou assediado com base em alguma característica sua, esse é um problema organizacional que precisa ser abordado. Enfrentar um tratamento injusto no trabalho cria um enorme estresse crônico. Você precisa se sentar com um supervisor o mais depressa possível e falar sobre o que aconteceu. As grandes organizações podem ter pessoas específicas (muitas vezes no RH) para registrar sua queixa e iniciar um processo para lidar com ela. Mesmo que seja relativamente novo na empresa, não fique parado se for vítima de injustiça ou assédio.

Todos na organização são responsáveis por definir o que é aceitável. Se vir alguma coisa acontecendo com outra pessoa e isso o deixar constrangido, comunique a um supervisor. Se estiver em uma posição de liderança, sente-se com as pessoas que fizeram alguma coisa errada e converse com elas sobre isso – quanto antes, melhor. As organizações se beneficiam da diversidade, mas o benefício só é alcançado se o ambiente de trabalho aceitar a diversidade.

Você pode aprender coisas sobre si mesmo. Se alguém falar com você sobre um comentário ou algo que você fez, assuma a responsabilidade. Você talvez não tivesse a intenção de criar desconforto para os colegas, mas muitas vezes você não é o melhor juiz de como seus comentários e suas ações são interpretados por outros. É possível pedir desculpas pelo impacto que causou e aprender a criar um ambiente de trabalho mais harmonioso para todos.

A questão do assédio no ambiente de trabalho é controversa porque a mudança nas normas sociais pode alterar o que é considerado um comportamento aceitável no ambiente profissional. Por exemplo, ao assistir a filmes ou programas de TV sobre os anos 1960, verá muitas pessoas fumando. No ambiente de trabalho moderno, a maioria dos edifícios comerciais proíbe o cigarro, mas muitas pessoas resistiram a essa transição quando ela ocorreu. Do mesmo modo, algumas pessoas continuam desconsiderando a adesão à diversidade como algo apenas "politicamente correto".

Os muitos casos famosos de assédio no trabalho demonstram que as organizações têm dificuldade para se policiar. O problema fundamental aqui está no cérebro motivacional, que tende a fazer o que traz uma sensação boa no curto prazo em vez de fazer o que é certo no longo prazo. Uma acusação – ou mesmo uma evidência – de que um funcionário assediou outro estabelece um confronto.

A liderança precisa investigar a queixa e agir contra as pessoas que foram acusadas. E isso pode resultar em uma publicidade negativa para a empresa.

No curto prazo, muitas vezes parece mais fácil não fazer nada. Talvez esse tenha sido um incidente isolado. Talvez a queixa seja retirada. Varrer o problema para debaixo do tapete pode ser uma válvula de escape de curto prazo, mas cria vários problemas de longo prazo. Primeiro, transmite a mensagem aos assediadores de que as ações deles não têm consequências, e isso pode colocar outras pessoas em risco. Em segundo lugar, muitas vezes isso aumenta a publicidade negativa no longo prazo, se for demonstrado que a organização tem um histórico de ignorar as queixas. Em terceiro lugar, isso cria uma atmosfera de trabalho em que as pessoas estão constantemente tensas.

Para fazer com que os líderes se disponham a investigar as reclamações com rapidez, precisamos mudar o treinamento de como se lida com o assédio. A maioria dos sistemas de treinamento de conformidade trata o problema de modo abstrato. As pessoas recebem definições de comportamentos inaceitáveis e, talvez, alguns exemplos. Todos concordam em estar atentos a violações e a relatá-las. Mas o treinamento não expõe as pessoas à tensão entre o desejo de curto prazo de ignorar uma queixa e a necessidade de longo prazo de lidar com ela. Tampouco dá uma ideia de qual será seu envolvimento se relatarem algo que vivenciaram ou testemunharam.

As organizações precisam ensinar os funcionários a agir de modo que beneficie a organização no longo prazo, não a fazer o que parece conveniente de imediato.

Diversidade e inclusão

O valor da diversidade é um bom *case* empresarial. Ambientes de trabalho que incluem uma diversidade de perspectivas são criativos, encontram maneiras de resolver problemas e podem aproveitar tendências. Sendo claro, as pessoas precisam ter abertura para ser autênticas no trabalho.

Isso não quer dizer que devam se sentir confortáveis no trabalho em todos os momentos, mas o desconforto não deve vir de quem elas são.

A diversidade não é suficiente. A inclusão também é necessária. Inclusão envolve ir além de meramente contratar uma ampla variedade de pessoas. Todos devem ter oportunidade de contribuir para o trabalho de maneira que reconheça as diferenças em perspectiva e a experiência de vida dos funcionários.

De muitas formas, a diversidade é mais fácil de alcançar do que desenvolver a inclusão. As organizações precisam se esforçar para contratar uma força de trabalho diversa, mas podem pesquisar facilmente as características dos funcionários para garantir que uma gama de pessoas seja contratada. É mais difícil garantir que todos tenham um papel no trabalho e que aquilo que torna as pessoas diferentes das outras seja aceito socialmente. Os líderes devem dar um exemplo que incentive a participação.

PONTOS PRINCIPAIS

Seus cérebros

CÉREBRO MOTIVACIONAL

- Realizações são tarefas que você marca como feitas em sua lista, enquanto contribuições são metas significativas para as quais você olha com orgulho.

- Fracassos sistemáticos indicam que você precisa mudar um comportamento para atingir um objetivo específico.

- A curva de Yerkes-Dodson sugere que existe um nível ideal de ativação para o desempenho em tarefas.

- A tríade sombria de características de personalidade negativas abrange psicopatia, maquiavelismo e narcisismo.

- O sistema motivacional prefere as ações cujo benefício é de curto prazo àquelas cujo benefício é de longo prazo.

CÉREBRO SOCIAL

- A maioria dos relacionamentos em sua vida pode ser caracterizada como sendo com família, vizinhos ou estranhos.

CÉREBRO COGNITIVO

- Metas ativas afetam o que você vê no ambiente, possibilitando o planejamento oportunista.
- O sono regular melhora a aprendizagem e diminui a ansiedade.
- A mente humana não é multitarefas, ela alterna entre atividades.

Suas dicas

- A cada ano, observe suas falhas sistemáticas.
- Para ser um bom vizinho, adote alguns dos objetivos de seus colegas.
- Durma com regularidade, exercite-se e coma bem.
- Mantenha uma lista de coisas a fazer e uma agenda.
- Encontre o nível ideal em seu nível de ativação para trabalhar sem pânico.
- Concentre-se em uma tarefa por vez sempre que possível.
- Aprenda a dizer "não" para não ficar sobrecarregado.
- Faça intervalos no trabalho.
- Trabalhe quando estiver no trabalho e não trabalhe quando não estiver.
- Encontre maneiras de evitar colegas que tenham características da tríade sombria.
- Saiba formar uma boa equipe.
- Use o *debriefing* para melhorar o desempenho da equipe.
- O assédio não pode ser tolerado no ambiente de trabalho. Embora seja tentador deixá-lo de lado, as ramificações no longo prazo para a organização serão ruins.
- A diversidade nas organizações tem valor, mas só se os indivíduos diversos forem incluídos no trabalho feito.

8

Liderar

Os seres humanos podem ser uma espécie cooperativa, mas, para fazer com que todos trabalhem juntos por um objetivo comum, as organizações precisam saber o que querem e como chegar lá. Essa é a função da liderança.

Tive a oportunidade de trabalhar em um plano de educação de lideranças para a Universidade do Texas. Nosso objetivo não era treinar todos os alunos para serem líderes, embora sem dúvida esperássemos que muitos assumissem papéis de liderança em suas carreiras. Em vez disso, queríamos que eles entendessem o que é uma boa liderança para praticá-la e reconhecê-la quando trabalhassem com um líder eficiente.

Muita tinta foi gasta tentando distinguir entre *liderança* e *gestão*. Tais palavras são usadas de modos diversos, o que torna difícil ter uma definição estrita. Ao mesmo tempo, está claro que as pessoas em papéis de liderança precisam se envolver em tarefas tanto estratégicas quanto operacionais. O componente estratégico envolve determinar a visão e a direção de uma organização, tomar decisões sobre como buscar essa visão e motivar os funcionários a trabalhar para isso. O componente operacional implementa essa visão, alocando recursos, avaliando o progresso na direção da meta e corrigindo o plano quando um objetivo não está sendo alcançado.

Nessa perspectiva, se seu trabalho envolve uma proporção elevada de tarefas estratégicas em relação às operacionais, você tem um papel de liderança e, se o contrário for verdadeiro, seu papel é de gestão. Dito isso, as duas missões exigem pelo menos algum trabalho estratégico e algum trabalho operacional.

A pesquisa de Jasmine Vergauwe e seus colegas sugere que os líderes carismáticos – que têm alto grau de autoconfiança, comunicam-se bem com os outros e estão abertos à solução criativa de problemas – são excelentes no componente estratégico da liderança, mas muitas vezes superestimam a importância da estratégia em relação à administração de uma organização. Os líderes mais bem-sucedidos conseguem motivar os outros a se envolver em uma visão compartilhada e também a colocar em prática planos e procedimentos que permitirão à empresa concretizar essa visão. Nenhuma pessoa isoladamente precisa ter uma alta capacitação tanto do ponto de vista estratégico quanto do operacional, mas todas precisam reconhecer a importância desses componentes.

Muitas vezes, confundimos liderança com papéis de liderança. Isto é, supomos que, para ser líder, o indivíduo deve ocupar uma posição específica de autoridade na hierarquia organizacional. Se você é o supervisor de uma pessoa, por exemplo, tem autoridade para avaliar o desempenho e, talvez, o salário dela. Contudo, liderar outras pessoas envolve mais que ter a autoridade para fazer uma solicitação ou dar uma ordem. Afinal de contas, desde que era criança, você sabe que "porque sim" é um motivo ruim para fazer o que alguém pede.

Os líderes encontram maneiras de criar metas entre um grupo. Isso significa que até mesmo pessoas na base do quadro organizacional podem liderar. Não importa sua autoridade, você pode influenciar as ações de outras pessoas servindo de exemplo, com incentivo, conhecimento e feedback. É por isso que todos na organização sabem quem são os líderes reais, independentemente do cargo.

Quando decidimos ensinar sobre liderança na Universidade do Texas, nós nos concentramos em determinadas habilidades que as pessoas podem desenvolver e reconhecer nos outros, incluindo:

- ser capaz de delegar tarefas;
- pensar criticamente e ter habilidades de tomada de decisão;
- assumir responsabilidade pessoal pelas ações;
- comunicar com eficácia e falar em público;
- estimular a colaboração;
- envolver-se na liderança ética.

Este capítulo está organizado ao redor desses elementos.

Delegar

Uma habilidade essencial de liderança é delegar trabalho. Quando você passa uma tarefa a alguém, tem de garantir que essa pessoa sabe o que precisa ser feito, vai fazer isso bem e vai pedir ajuda se precisar. Os líderes podem fazer várias coisas para atingir esse nível de confiança: tentar desenvolver os talentos das outras pessoas; tratar os erros de modo adequado; certificar-se de alinhar recompensas na organização com os resultados desejados.

Desenvolver os outros

Um componente significativo da liderança é ajudar as pessoas ao redor a melhorar e a crescer. Assim como você não deve ter a expectativa de dominar todos os aspectos de um novo emprego quando é contratado, não deveria esperar que as pessoas que trabalham com você saibam como fazer tudo da primeira vez que lhes for atribuída uma tarefa. Ajudar as pessoas a aperfeiçoar suas habilidades é crucial.

Isso pode ser mais difícil do que parece, porque, da primeira vez que você pede para alguém desempenhar uma tarefa desconhecida, deixá-la agir e depois lhe dar um feedback vai demorar mais tempo que fazer você mesmo. No entanto, você não conseguirá delegar tarefas a terceiros até ter certeza de que são capazes de fazer um trabalho razoável, então precisa sacrificar algum tempo agora para poder poupá-lo depois.

O tempo dedicado a treinar quem o rodeia não é em vão. É comum pensar sobre produtividade basicamente em termos do que você realizou. Conforme progride na carreira – em especial quando assume papéis de liderança –, porém, você também é julgado em relação à produtividade da equipe.

Erros como experiências de aprendizagem

O caminho para criar uma cultura em que as pessoas queiram se desenvolver surge do modo como você trata os erros. Discuti a importância dos erros no Capítulo 5, ao falar sobre a aprendizagem. Agora, vou explorar o modo como você trata os erros de um ponto de vista da liderança. Você pode pensar que, quanto mais caro for um erro potencial, mais ele deve estar rodeado pela ameaça de punição para que as pessoas estejam vigilantes para não errar. Essa abordagem, no entanto, é completamente equivocada.

Pense na aviação. Erros nas viagens aéreas podem ter consequências devastadoras. Mas as catástrofes de aviação em geral não são causadas por um único erro. Elas resultam de erros em cascata. Consequentemente, a US Federal Aviation Administration [Administração Federal de Aviação dos Estados Unidos] está implementando o Aviation Safety Action Program [ASAP, na sigla em inglês, ou Programa de Ação de Segurança da Aviação], no qual os membros do setor que relatem erros cometidos no prazo de 24 horas não serão punidos – contanto que não tenham feito nada de ilegal, como beber no trabalho. O programa é administrado por uma agência separada (Nasa) a fim de gerar confiança de que os relatos de erros não terão consequências negativas na carreira.

Esse programa reconhece que as pessoas cometem erros não pela falta de incentivos para evitá-los. Elas os cometem porque os seres humanos são falíveis. O modo de garantir a segurança no tráfego aéreo não é criar procedimentos que eliminem todas as possibilidades de erros, é planejá-los de modo que os erros não tenham resultados devastadores. Isso só pode ser atingido catalogando todas as situações e estudando os padrões. A aviação é segura porque reconhece os erros e aprende com eles.

Afinal de contas, se você punir os erros, o instinto das pessoas será ocultá-los. As pessoas não querem receber punições. E, como um problema escondido não pode ser consertado, se ficar oculto por tempo suficiente, pode se transformar em uma catástrofe. Seu objetivo deve ser punir a negligência, não os erros. Se alguém que está trabalhando normalmente cometer um erro, trate a situação como oportunidade de aprendizagem – mesmo que as consequências sejam significativas. Só alguém que não se prepara, não tenta e não se esforça para aprender com os erros anteriores deve ser punido.

Estruturas de recompensa

Pedir às pessoas que façam algo é só parte do que influencia as ações a serem tomadas. Um princípio central que reflete a operação do cérebro motivacional é: existe o que você diz, o que você faz e o que você recompensa, e as pessoas ouvem esses elementos na ordem inversa. O que você diz (ou pede) tem a menor influência no comportamento diário das pessoas. Seu subordinado observa o que você e os outros na organização fazem e modela o próprio comportamento de acordo com esse exemplo. E, o mais importante, observa o comportamento que é recompensado. As recompensas vêm de diversas formas, entre as quais promoções, oportunidades, acesso a recursos e atenção.

Quando se é um líder, pode ser frustrante solicitar consistentemente um comportamento específico e não o obter. Se isso acontecer, é bem provável que aquilo que você afirma querer não esteja alinhado com o que as pessoas estão fazendo e pelo qual são recompensadas. Você precisa estar atento a essa falta de alinhamento.

Um exemplo comum envolve a inovação. As empresas costumam falar como a inovação é importante para elas. De fato, em muitas empresas onde falei, a declaração da missão é exibida com orgulho perto da entrada e é frequente que diga algo a respeito da importância da inovação. No entanto, poucas empresas são verdadeiramente inovadoras.

Parte do problema é que muito pouco do trabalho que as pessoas desenvolvem foca em encontrar novas abordagens para produtos e processos. Em vez disso, a maioria das atividades faz a manutenção do *status quo* (e, no máximo, de melhorias incrementais). É provável que você não comece a dedicar um tempo de seu dia para trabalhar em um projeto inovador se não vir mais ninguém envolvido nesse tipo de função.

Além disso, muitas empresas, em especial as grandes organizações, têm estruturas de recompensa voltadas contra a inovação. Os gerentes podem receber bônus com base na lucratividade trimestral ou anual de suas unidades, enquanto a inovação é cara no curto prazo e em geral demora para gerar benefícios. E as inovações que fracassam (e são muitas) nunca produzirão resultado. Em um ambiente de bônus, como esse, os gerentes têm pouco incentivo para apoiar projetos inovadores. Além disso, as pessoas que são promovidas em uma organização muitas vezes são aquelas que fazem progresso constante. Projetos inovadores não têm crescimento constante. Por muito tempo, não geram receitas e, depois, de repente (se forem bem-sucedidos), decolam. As organizações que querem mais inovação precisam reprogramar suas estruturas de recompensa para promover projetos com esse caráter.

Preste atenção em todos esses fatores que estimulam o comportamento. Veja como eles influenciam as pessoas a fazer coisas que não são o que você pediu. Uma observação crucial sobre o cérebro social é que, quando avaliamos o comportamento de outras pessoas, nós nos concentramos em seus traços e não damos importância aos objetivos e aos fatores situacionais que também podem direcioná-las. Isso acontece mesmo que, muitas vezes, prestemos atenção à situação e a nossos objetivos quando explicamos nosso comportamento.

Em termos práticos, quando os colegas não fazem o que deviam fazer, você provavelmente tende a pensar no que há de errado com eles. Você pode supor que eles têm traços que impedem o desempenho esperado. Talvez sejam incompetentes ou estejam desmotivados. Antes de explicar o comportamento deles por algum aspecto pessoal, examine a situação profissional para determinar sua influência sobre o comportamento. Talvez qualquer pessoa competente nessa situação agisse da mesma forma.

Pensamento crítico, solução de problemas e tomada de decisões

As partes estratégicas e operacionais da liderança exigem decisões claras e que sejam tomadas com o máximo de conhecimento possível. Muito tem sido escrito sobre tendências de decisão que levam as pessoas a fazer escolhas ruins. Nesta seção, quero me concentrar em alguns elementos de tomada de decisão que são importantes em contextos de liderança.

Aprender a dizer "sim" e "não"

Pense nas solicitações que costumam fazer a você. Como você normalmente reage? Se é como a maioria das pessoas, tem uma reação dominante. Tem gente que tende a aceitar as solicitações. Greg me contou sobre um antigo chefe que achava que todas as ideias eram uma grande ideia. Ele de fato queria que as pessoas atingissem seus objetivos e, então, dizia "sim" a quase tudo. Como resultado, os recursos dele eram tão espalhados que poucos dos projetos que aceitou apoiar obtiveram sucesso. Por outro lado, algumas pessoas tendem a recusar quase tudo. Certa vez, eu estava conversando com um colega de outra universidade que se referia de brincadeira ao reitor (que controlava os recursos da faculdade) como "Dr. Não", porque quase nunca concordava em levar projetos adiante. No fim das contas, as pessoas simplesmente pararam de levar novas ideias para o reitor.

Como líder, você precisa estar à vontade para dizer "sim" e "não". Na seção sobre conversas difíceis no Capítulo 6, discuti como uma pessoa afável acha complicado dar más notícias a alguém. Se você é afável, precisa praticar dizer "não" para as pessoas quando elas pedem alguma coisa. Duas maneiras de negar um pedido são importantes. Em uma delas, se você realmente gostaria de apoiar um projeto, mas não pode fazê-lo no momento ou da forma como lhe foi apresentado, você deve sugerir alternativas. Incentive a discussão continuada, mesmo quando não puder aprovar uma solicitação específica.

A outra é para quando alguém se aproxima com um projeto que você considera simplesmente inviável. As pessoas afáveis ficam tentadas a encorajar, dizendo algo como "Eu gostaria de ajudar, mas...", e depois apresentam o motivo para sua incapacidade de apoiar a solicitação em alguma circunstância. O problema dessa abordagem é que a pessoa que fez a solicitação provavelmente vai continuar trabalhando no projeto, esperando encontrar alguma maneira de contornar o motivo para a negativa. Se você acha que um projeto não deveria ir adiante, assuma essa decisão. Diga que decidiu não continuar com o projeto. Dê um feedback construtivo às pessoas que supervisiona para ajudá-las a entender quais tipos de solicitações você pode apoiar. Não lhes dê falsas esperanças.

Ao dizer "não", é importante ser claro sobre o motivo de recusar algo que deveria considerar com mais seriedade. Como mencionei no Capítulo 2, a característica da personalidade aberta à experiência reflete a orientação que as pessoas assumem diante de coisas e ideias novas. As pessoas com grau alto de abertura vão acolher uma nova ideia, mesmo que, no fim, decidam que não é algo que desejam levar adiante, enquanto as com grau baixo de abertura vão rejeitar as novas ideias simplesmente porque são novas. Os líderes com grau baixo de abertura podem perder oportunidades valiosas. Isto é, eles têm dificuldade em dizer "sim".

Pat trabalhava para uma empresa que inventou – mas não produziu – diversas tecnologias que agora são comuns na experiência diária dos usuários de computador. Ele me falou sobre um sistema de mensagens que a empresa desenvolveu no início da internet que permitia aos funcionários criar grupos de interesse para discutir assuntos. A maioria dos grupos de interesse se concentrava em problemas de trabalho, embora alguns inevitavelmente se concentrassem em diversão e hobbies. Os funcionários gostavam muito dos grupos, que eram úteis para que pessoas em todo o mundo entendessem os problemas trabalhados. Mas a empresa fechou o sistema por preocupação de que os funcionários estivessem gastando tempo demais com coisas não relacionadas a trabalho. Ela não fez uma análise real de custo-benefício nem tentou encontrar maneiras de adaptar o sistema ao fluxo de trabalho. Em vez disso, deu um basta a uma tecnologia que poderia ter melhorado significativamente a produtividade, décadas antes de quase todos no planeta usarem as redes sociais.

Quando ouvir uma nova ideia e tiver uma reação negativa, pense com cuidado sobre os motivos das preocupações. Se não encontrar uma razão para tal reação, talvez você esteja rejeitando a ideia basicamente por ser nova. E, mesmo que tenha um motivo, ele pode não ser bom. Muitas empresas, por exemplo, acabam não seguindo um projeto inovador por medo de atrapalhar os negócios atuais. Elas deixam de considerar que, se uma nova tecnologia for atrapalhar os negócios, eles é que devem levá-la ao mercado.

Kodak, a principal produtora de filmes fotográficos, é um exemplo clássico. A empresa originalmente desenvolveu a tecnologia de imagens digitais, mas optou por não a lançar no mercado por medo de que engolisse o negócio de filmes. A empresa estava correta ao pensar que a imagem digital atrapalharia a indústria fotográfica, mas, por causa dessa decisão estratégica, deixou de se beneficiar nesse momento.

Nem todas as empresas têm medo de mudanças que revolucionam seu setor. Por exemplo, no fim da década de 1990, a Netflix tinha um serviço de sucesso que possibilitava às pessoas alugar filmes em DVD pelo correio. Esse modelo foi tão bem-sucedido que a Netflix contribuiu para a queda física da gigante rede de videolocadoras Blockbuster. Então, quando a internet de banda larga tornou--se comum nas casas das pessoas, a Netflix foi de alugar DVDs para transmitir filmes on-line. Ela poderia ter optado por não mudar para o streaming porque solaparia seu principal negócio. No entanto, devido às limitações do correio para transferir arquivos de computador, ela reconheceu que seu modelo de negócios original não teria sucesso no longo prazo.

A disposição para atrapalhar o negócio central está relacionada ao que os economistas chamam de "custos irrecuperáveis". Um custo irrecuperável é qualquer recurso (como tempo, dinheiro ou esforço) que já foi gasto em um projeto específico. Os economistas argumentam que você não deve considerar os custos irrecuperáveis ao tomar decisões porque esses recursos já se foram e não podem ser recuperados. Só porque você trabalhou em um projeto por um longo tempo não quer dizer que não possa deixá-lo de lado. Você deve decidir se um projeto deve continuar com base na probabilidade que ele tem de obter sucesso deste ponto em diante.

A pesquisa de Hal Arkes e seus colegas demonstra que as pessoas em geral valorizam demais os custos irrecuperáveis. É difícil se afastar de um projeto em que já investiram muito esforço. Essa questão é especialmente importante diante da popularidade da determinação. Angela Duckworth define "determinação" como uma persistência apaixonada em uma área de estudo, e alguns argumentam que é um fator significativo para o sucesso na escola e nos negócios. Pesquisas posteriores sugerem que a persistência reflete um alto nível da característica de personalidade conscienciosidade (que discuti no Capítulo 5). Pessoas conscienciosas muitas vezes têm sucesso em tarefas difíceis.

Por sua vez, estudos de Richard Nisbett e seus colegas sugerem que a maioria das pessoas bem-sucedidas é boa em determinar quando os projetos devem ser abandonados, em vez de prolongados. Essas pessoas se concentram no potencial de um projeto como se apresenta no momento, não em quanto esforço já foi investido nele. Os bons líderes ajudam suas equipes a se afastar de projetos que não têm muitas probabilidades de fazer sucesso.

Isso reflete um aspecto relacionado à boa liderança. Muitas organizações reúnem grupos para iniciar projetos, mas têm dificuldade de encerrar algo que já ultrapassou sua vida útil. Isso acontece porque algumas pessoas se dedicaram ao projeto e têm uma forte ligação com ele. Ao começar um projeto, estabeleça um prazo final para ele. Quando essa data chegar, as pessoas interessadas em continuar o projeto devem apresentar um argumento que explique por que mais investimentos seriam mais valiosos que direcionar esses recursos a outras coisas.

Grandes decisões não são como as pequenas

Você toma muitas decisões todos os dias. Decide que roupas usar, que caminho pegar para o escritório e que tarefas desempenhar durante o dia. A maioria dessas decisões combina bem com as escolhas que o cérebro cognitivo está adaptado a fazer. As pessoas são muito boas em tomar decisões quando têm experiência com as opções e visualizam as consequências.

Quando escolhe o que vestir, você conhece suas roupas. Pode imaginar como as outras pessoas vão avaliá-las e recebe feedback social sobre o que está usando durante o dia, e isso pode afetar suas decisões futuras.

Conforme assume papéis de liderança, porém, muitas das escolhas que você precisa fazer se desviam desse ideal. Será preciso avaliar projetos de grande porte, como contratar funcionários, assumir uma nova linha de produtos ou estruturar um acordo de uma nova maneira. Essas situações muitas vezes vão além do que você já vivenciou. Pode ser difícil visualizar as consequências – em parte por causa da falta de experiência, em parte por causa da complexidade do ambiente, e em parte por causa da incerteza em relação aos resultados. Além do mais, esses projetos de grande porte serão realizados no decorrer de um tempo longo, por isso será difícil acompanhar o progresso ou descobrir quais elementos da situação são responsáveis pelo sucesso ou pelo fracasso do empreendimento.

Você pode sentir-se tentado a tratar essas escolhas como trata todas as outras decisões na vida. Se teve sucesso com muitas escolhas pequenas, pode acreditar que também será bom nessas escolhas mais significativas. Mas é preciso encontrar ferramentas que o ajudem a tomar decisões nessas situações. Aprenda a usar projeções financeiras e modelos de previsão. Aprenda a integrar opiniões de especialistas que podem interpretar vários tipos de dados relevantes para as decisões que você toma.

Além disso, deve ficar mais à vontade com a incerteza. Em *Star Wars*, existe uma piada recorrente em que o C3PO dá as probabilidades de sucesso de ações específicas, e Han Solo as ignora. (Spock e Kirk têm uma dinâmica similar em *Star Trek*.) Em muitas situações do mundo real, porém, as probabilidades são a melhor ferramenta que temos para julgar as chances de um resultado ocorrer. No entanto, muitas pesquisas, grande parte delas feita por Gerd Gigerenzer e seus colegas, demonstram que as pessoas não são especialmente boas em raciocinar com probabilidades. Ao trabalhar em um ambiente no qual muitas projeções futuras serão expressas em termos probabilísticos, você precisará desenvolver um nível de conforto com escolhas expressas em graus de incerteza.

Para se preparar para essas decisões de grande escala, você deve fazer três coisas. Em primeiro lugar, olhe para as decisões que você e os líderes que admira têm de tomar. Examine em que grau elas se desviam dos tipos de escolha que as pessoas fazem bem e comece a catalogar aquelas para as quais precisará de ferramentas adicionais. Em segundo lugar, antes de assumir um papel de liderança, peça para observar decisões de grande escala importantes que estão sendo feitas para aprender quais habilidades serão necessárias para se tornar um melhor tomador de decisões. Depois, procure cursos ou seminários em que consiga aperfeiçoar suas capacidades. Em terceiro lugar, quando se envolver em decisões de grande escala, faça previsões específicas sobre resultados esperados que o ajudarão a julgar depois se a escolha vai bem. Quanto mais indicações tiver de que sua decisão está indo bem ou não, mais fácil será redefinir o curso de um grande projeto e melhores serão suas futuras decisões.

Como se comunicar como um líder

O Capítulo 6 se concentrou exclusivamente em comunicação. Quero tratar de dois assuntos relacionados aqui. O primeiro é como comunicar de modo efetivo a incerteza. O segundo é falar em público, sobretudo usar discursos para motivar os outros.

Como se comunicar sobre a incerteza

Uma das questões mais difíceis em qualquer organização é a incerteza a respeito do futuro. Em 2008, a economia mundial teve uma queda depois do colapso do mercado imobiliário nos Estados Unidos e a escassez de crédito que se seguiu. Isso afetou muitas organizações, inclusive a Universidade do Texas, onde eu trabalho. A equipe da universidade estava se preparando para cortes. As pessoas questionavam se deviam procurar outro emprego ou esperar. Os supervisores não tinham certeza do que dizer aos funcionários porque a alta administração lhes dava muito pouca informação. Essa falta de comunicação vinha da incerteza sobre o resultado do debate do orçamento na legislatura do Texas, o que tornava difícil prever quais cortes seriam necessários (se é que seriam).

Ao ser confrontado com esse tipo de incerteza, é tentador não dizer nada. Se você não tem nada de valioso a acrescentar à conversa, pode parecer uma boa estratégia esperar ter mais informações antes de falar com as pessoas.

Porém, as pessoas pensam muito sobre situações estressantes. Na ausência de informações fornecidas por você, vão imaginar todos os tipos de cenário para o futuro e, depois, vão conversar sobre esses cenários entre si. Conforme as histórias se espalham, elas criam uma realidade própria. Quando uma história se firma, mesmo que não seja baseada em fatos, é difícil tirá-la das memórias das pessoas. A pesquisa de Hollyn Johnson e Colleen Seifert sobre o *efeito da influência contínua* demonstra que é bem difícil fazer as pessoas pararem de usar informações que ouviram no passado, mesmo quando sabem que a informação é falsa. Assim, um vácuo de comunicação será preenchido pelas histórias que as pessoas comentam entre si, e essas histórias vão persistir.

Isso significa que você precisa comunicar eventos incertos, mesmo que tudo o que possa dizer é que não tem ainda nenhuma informação que ajude a prever o que vai acontecer. Se as pessoas com quem trabalha confiam que você é transparente, elas podem especular sobre o futuro, mas terão menos probabilidade de gerar uma rede elaborada de crenças sobre o que está de fato acontecendo.

O CÉREBRO DE JAZZ

Ouça mais e toque menos

Uma das primeiras coisas que os músicos de jazz aprendem ao tocar com outros é algo que chamo de "primeira lei do jazz". Sempre que se sentar com um novo grupo, você deve ouvir mais que tocar. ▶

Qualquer desempenho competente envolve mais que simplesmente executar algum procedimento. Tocar bem com outros músicos significa tocar com eles, não só perto deles. Você não será influenciado pelo estilo ou pelas inovações deles se não ouvir primeiro. Do mesmo modo, não vai ser um bom líder se não ouvir colegas e clientes. Eles podem lhe dizer muito sobre o que gostam e o que não gostam.

Ouvir não significa fazer o que os outros dizem. Ao mesmo tempo, você não pode se comunicar como um líder se não souber o que as outras pessoas querem e no que estão pensando. Você precisa encontrar um modo de conectar suas ideias e suas sugestões ao que elas já sabem e àquilo em que acreditam. Como um novo líder, você pode se sentir pressionado a fazer algo rápido. Mas seu sucesso de longo prazo depende de sua disponibilidade para de fato ouvir o que está acontecendo à sua volta.

Como falar a grupos

Uma vez que você assume um papel de liderança, é comum ter de falar diante de grupos. Falar em público é um dos maiores fatores de estresse social. Para muita gente, é tão difícil que é algo rotineiramente usado para criar estresse em experimentos de psicologia. É dito aos participantes, por exemplo, que eles têm 10 minutos para preparar uma apresentação a ser feita diante de especialistas que vão avaliar o desempenho deles. Essas instruções quase sempre levam a um aumento no nível de estresse e à liberação dos hormônios de estresse.

A melhor maneira de reduzir seu estresse em relação a falar em público é fazer palestras. Essa é uma versão da terapia de exposição, criada por Michael Telch e seus colegas, usada para reduzir estresse, ansiedade e muitas fobias. O princípio da terapia de exposição é enfrentar aquilo que você teme sem fazer nada para se "proteger" dos resultados ruins, como tomar remédio ou usar seus sapatos da sorte. Com o tempo, seu cérebro motivacional aprende que a experiência não leva a um resultado ruim, e sua ansiedade diminui.

Para não se sair mal ao falar em público, é preciso praticar. Pode parecer tolo, mas falar em público é uma performance, e todo artista precisa ensaiar. Depois de escrever seu discurso (ou esboçar, dependendo da preferência), encontre um lugar tranquilo e fale para uma parede algumas vezes. Use o mesmo volume e a mesma intensidade que usaria na ocasião real. Pratique falar com clareza, articular as palavras e fazer pausas nos momentos corretos a fim de obter o efeito desejado. Se precisar de feedback, procure um colega em quem confia ou pense em contratar um coach de oratória para ouvi-lo e recomendar maneiras de melhorar.

Você pode aprender com o mundo da comédia stand-up. Os humoristas às vezes fazem ótimas apresentações, mas outras vezes não conseguem entreter a plateia. Por pior que seja contar piadas que caem no vazio diante de uma multidão que quer rir, os grandes comediantes estão sempre dispostos a correr o risco. Eles usam as experiências ruins para melhorar seu desempenho no futuro, em vez de permitir que resultados ruins os impeçam de tentar de novo.

Para os líderes, uma função importante de falar em público é aumentar o envolvimento das pessoas com um projeto. A pesquisa de Jack Brehm e Elizabeth Self sobre a intensidade da motivação sugere que as pessoas ficam mais motivadas para atingir um objetivo quando percebem uma lacuna entre o presente e o futuro desejado e têm um plano para preencher essa lacuna. Isto é, quando a *lacuna pode ser preenchida*. Uma boa fala motivacional destaca esses elementos. Você precisa ajudar seu público a reconhecer onde está agora e como pode ser o futuro. Depois, precisa descrever como as ações deles podem fazer com que o futuro desejado aconteça. Também é valioso reconhecer os obstáculos e reconhecer que podem ser superados.

Você não precisa ser um orador animado para compartilhar uma visão do futuro com as pessoas com quem trabalha. Só precisa falar com confiança sobre como o grupo pode ser bem-sucedido ao trabalhar junto. Para ver um exemplo maravilhoso de discurso motivacional, assista à primeira cena do filme *Patton – rebelde ou herói?*, no qual George C. Scott interpreta o general, em uma atuação que lhe rendeu um Oscar. Você pode assistir no YouTube. Nessa cena, o general Patton fala ao Exército dos Estados Unidos logo antes de invadir a França. Ele faz um excelente trabalho de destacar a situação e lembrar aos soldados a força da tradição do Exército norte-americano. O que torna o discurso especialmente poderoso, porém, é que Patton diz aos homens que é provável que eles sintam medo quando estiverem sob fogo inimigo e virem companheiros sendo mortos. Ele os exorta a continuar lutando, apesar desse temor. Ao descrever uma visão e um plano para potenciais obstáculos, ele prepara os jovens soldados para a batalha.

Responsabilidade pessoal

As pessoas em posições de liderança têm especial influência sobre as organizações. Elas podem definir uma visão e atrair as pessoas para trabalhar por isso. Como resultado, muitas vezes recebem crédito desproporcional pelo sucesso da empresa.

Pode ser um desafio se ajustar a isso. No início da carreira, você precisa fazer muita coisa para garantir que suas contribuições sejam notadas e que você seja lembrado para eventuais oportunidades. Depois de assumir um papel de liderança, o holofote está em você. Mesmo que espere progredir na organização, não precisa mais chamar atenção. Em vez disso, concentre-se em desenvolver sua equipe.

Isso significa que, quando algo dá errado no grupo, deve estar disposto a aceitar a responsabilidade e proteger seus subordinados das consequências que eles enfrentariam diante dos que estão nos escalões mais altos da organização. Você pode trabalhar para resolver o problema dentro do grupo e decidir punir alguém por negligência. Isso, porém, não precisa se tornar público fora do grupo. O desempenho de sua equipe é responsabilidade sua, e você precisa assumir isso. Proteja seus funcionários, porque alguém que comete um erro hoje pode se tornar um astro amanhã. Você não quer arruinar a reputação daquela pessoa diante dos outros líderes na organização.

O oposto se aplica ao crédito. Como líder da equipe, você recebe muito crédito quando as coisas vão bem. E raramente precisa chamar atenção para isso. Destaque o trabalho de quem foi fundamental para o sucesso de um projeto.

Pense em duas razões para divulgar as realizações da equipe. Primeiro, quanto mais alto você se mover na cadeia alimentar de uma organização, mais seu desempenho será julgado de acordo com sua capacidade de desenvolver os talentos dos outros. Se conseguir demonstrar que tem um efeito positivo sobre as pessoas que trabalham com você, os outros notarão isso, e suas oportunidades de liderar serão multiplicadas.

Em segundo lugar, à medida que progride na empresa, você precisará de aliados que o ajudem a implementar os projetos de seu interesse. Uma ótima maneira de desenvolver lealdade em uma organização é ajudar as pessoas de sua equipe a progredir na carreira. Aqueles que puderem atribuir parte de seu sucesso a você tenderão a apoiar seus futuros esforços.

No contexto de desenvolver futuros líderes, pense sobre como promover a diversidade em uma equipe de liderança. Como mencionado no Capítulo 7, equipes diversificadas muitas vezes geram soluções criativas para os problemas. No entanto, em muitas organizações, quanto mais você sobe na hierarquia, menos diversificada é a liderança. Parte do problema – pelo menos nos estudos realizados nos Estados Unidos e na Europa ocidental – é que os comportamentos de liderança são avaliados mais positivamente em homens que em mulheres e mais em brancos que em negros. Assim, as pessoas selecionadas para treinamento adicional e oportunidades de liderança tendem a ser homens brancos.

Os líderes deveriam oferecer oportunidades e treinamento de liderança a todos os funcionários de uma organização e deveriam promover as pessoas com base em seu desempenho, não em julgamentos sobre seu potencial de liderança. As organizações deveriam reconhecer

176   Mindset da carreira

que as pessoas mais bem qualificadas para determinadas posições adiante na carreira muitas vezes tiveram oportunidades significativas de desenvolver essas qualificações logo no início.

Liderança discreta

Como em geral são os líderes que definem a pauta estratégica de uma organização, as pessoas muitas vezes se concentram nos pronunciamentos deles sobre o futuro. Como resultado, os líderes com frequência são julgados com bases nessas declarações. E o sucesso de uma organização é intensamente impulsionado por fatores operacionais. A visão é importante para definir a direção, mas apenas a visão não fará a organização atingir suas metas.

A *liderança discreta*, com as pessoas trabalhando nos bastidores para manter a qualidade dos empreendimentos da organização, é comumente subestimada. Envolve ensinar os colegas a melhorar seu desempenho. Envolve levar todos a um padrão elevado. Envolve dar atenção a detalhes de como as coisas são feitas.

No decorrer dos anos, estive em muitas reuniões em que as pessoas discutem projetos e pedem feedback. Mesmo que o grupo não esteja tão animado com uma ideia, algumas pessoas comentam, e a equipe leva o projeto adiante. Em conversas particulares, as pessoas falam sobre seus receios, mas ninguém de fato traz essas questões à tona quando existe uma chance de fazer algo a respeito.

Não faz muito tempo, eu estava em uma reunião com muitos administradores de alto escalão da universidade em que trabalho. Alguém apresentou um plano para identificar potenciais riscos para a instituição. O plano não era ruim, mas parecia omitir diversas oportunidades importantes de identificar novos riscos. Um administrador, que ouvia a proposta pela primeira vez, de imediato fez diversas recomendações específicas para melhorar esse plano. Os presentes na reunião podiam facilmente ter deixado que o plano fosse em frente, e a pessoa que o apresentava estava fazendo isso em um pequeno fórum separado da maior parte da universidade. Mas esse momento de liderança discreta foi uma grande demonstração de manter padrões elevados para o trabalho dentro da organização.

Você não precisa estar em posição de autoridade para se envolver em uma liderança discreta. Se acredita que um projeto pode ser melhorado, diga isso. No início da carreira, você pode ficar pouco à vontade ao criticar algo em uma reunião, mas sempre pode comentar com alguém depois por e-mail ou em uma conversa particular.

O elemento central da liderança discreta é que ela seja construtiva. Não basta procurar as limitações de uma proposta, você precisa trabalhar com os outros para desenvolver alternativas. Os líderes discretos encontram formas de ensinar aos outros o que sabem para aumentar as capacidades de todos.

As pessoas que trabalham rotineiramente de modo construtivo para melhorar projetos e desenvolver as habilidades dos que as rodeiam são notadas. São as pessoas que todos querem na equipe de um projeto importante. E, quando alguém está em muitas equipes diferentes cujos projetos obtêm sucesso, é possível notar o que essas equipes têm em comum.

Estimular a colaboração

Como mencionado no Capítulo 7, os locais de trabalho funcionam melhor quando os colegas tratam uns aos outros como vizinhos. Isto é, eles desenvolvem confiança e acertam as dívidas no longo prazo. Isso significa que os colegas farão favores uns para os outros sem esperar reciprocidade imediata.

Os líderes devem estar atentos aos sinais de que a comunidade não está funcionando bem e devem identificar maneiras de melhorá-la. A comunidade pode ir mal de dois modos. Uma possibilidade – a mais comum – é o ambiente de trabalho se tornar menos confiável e os colegas se transformarem em estranhos. A outra é ela virar como uma família, sem verificações em relação à produtividade de alguns indivíduos.

Quando os funcionários começam a se concentrar apenas em realizar as tarefas que lhes foram dadas, em vez de procurar maneiras de contribuir mais amplamente para a missão da organização, talvez o ambiente de trabalho esteja se transformando em um conjunto de estranhos. Quando as pessoas esperam receber ordens para trabalhar em um projeto em vez de se envolver nele, demonstram que passaram a considerar o trabalho como uma série de transações de "taxa por serviço". Esses ambientes de trabalho têm um alto nível de rotatividade, porque as pessoas buscam um ambiente melhor.

Quando as pessoas tratam os colegas como estranhos, provavelmente fazem isso porque não acreditam que a organização está cumprindo seu papel de formar uma comunidade. É importante sentar-se com elas e conversar sobre as frustrações com os colegas, com a gerência ou mesmo com sua própria liderança. Elas podem sentir que não são remuneradas adequadamente pelo trabalho ou que suas contribuições não são reconhecidas. As diferenças entre o salário delas e o salário da alta gerência podem criar uma sensação de injustiça. Uma reação à injustiça é sair da comunidade.

Depois de identificar o que faz as pessoas se sentirem como estranhos, você precisa reagir. Se aspectos de seu próprio comportamento de liderança as afastam, procure um mentor ou um coach para ajudá-lo a recuperar a confiança da equipe. Se outras coisas na organização afastam as pessoas da comunidade, defenda visivelmente seus subordinados diretos. Você também precisa fazer com que percebam seu interesse na carreira delas. Seus esforços para desenvolver o conhecimento e as habilidades delas farão com que se sintam valorizadas.

Algumas organizações querem que todos se sintam como parte de uma família. O problema é que isso torna as pessoas menos propensas a se sentir responsáveis por um trabalho malfeito ou por tarefas não realizadas. O modelo familiar funciona bem quando uma organização precisa cuidar de um funcionário doente ou passando por um momento difícil; mas, no ambiente de trabalho em si, as pessoas precisam manter a atitude de que todos devem contribuir e de que aqueles que recebem mais do que dão não chegarão ao sucesso. Como líder, leve a sério as avaliações de desempenho regulares e deixe claro que as pessoas serão reconhecidas pelo bom desempenho, mas que todos precisam fazer contribuições significativas.

Grande parte disso depende de uma ideia de honra no ambiente profissional. Meu colega Paul Woodruff, em seu maravilhoso livro *The Ajax Dilemma*, indica que disparidades no salário ou observações de que algumas pessoas trabalham duro enquanto outras trabalham o mínimo possível cobram um alto preço emocional dos funcionários. Quando sentem que suas contribuições não são respeitadas, as pessoas questionam o compromisso da organização com elas. Isso leva a frustração e raiva, o que, em última instância, enfraquece o vínculo com a empresa.

O princípio do relacionamento dual

No Capítulo 1, mencionei uma mulher que teve dificuldade para manter a amizade com os colegas depois de ter sido promovida a supervisora. Essa transição é difícil para os relacionamentos por causa do *princípio do relacionamento dual.*

Os psicólogos clínicos têm um relacionamento terapêutico com seus pacientes e são eticamente proibidos de manter qualquer outro vínculo com eles. Não podem ser amigos dos pacientes nem manter relacionamentos românticos com eles, tampouco podem tratar parentes ou colegas de trabalho. Esse princípio vem do reconhecimento de que cada relacionamento que você tem com uma pessoa apresenta objetivos diferentes. Um relacionamento terapêutico exige confiança para que o paciente revele informações, mas também exige que o terapeuta dê feedbacks que o paciente talvez tenha dificuldade de ouvir. Para garantir que nada esteja acima do relacionamento terapêutico, os terapeutas precisam evitar qualquer outro tipo de vínculo com pacientes.

No ambiente de trabalho, porém, o princípio do relacionamento dual não é uma regra ética imutável. É razoável que supervisores tenham relações sociais com subordinados, e muitos romances no ambiente profissional dão certo. Quando se torna supervisor pela primeira vez, porém, você precisa reconhecer que os objetivos de sua nova posição podem entrar em conflito com alguns dos objetivos relacionados a ser amigo de seus colegas de quando começou a trabalhar. Seu novo papel pode criar alguma tensão ou complicações. Pode ser aconselhável criar algumas regras sobre as conversas que vocês têm em situações sociais para que os problemas no escritório não se transformem em batalhas interpessoais quando quiserem se divertir.

Tenha conversas claras com as pessoas com quem trabalha se estiver preocupado com o modo como seu relacionamento profissional afeta seus relacionamentos pessoais. Pode ser meio constrangedor começar essas conversas, porque as pessoas em geral não falam sobre limites na vida social. No entanto, quando a vida profissional e a social se chocam, como acontece com frequência, pode ser útil garantir que todos estejam à vontade com as limitações que podem surgir de objetivos potencialmente conflitantes.

Comportamento ético

Um aspecto final da liderança envolve a ética. As ferramentas da liderança são neutras em relação a valor. No decorrer da história, celebramos líderes por fazerem coisas que tornaram o mundo melhor e insultamos líderes que causaram sofrimento e prejudicaram outras pessoas.

A escolha entre as opções que geram benefícios de curto prazo e aquelas que trazem o bem no longo prazo tem implicações éticas para líderes. A ideologia de *valor para acionistas* no caso de empresas de capital aberto, por exemplo, muitas vezes envolve decisões que afetam o preço das ações no trimestre contra benefícios de longo prazo para a empresa e os funcionários. Não existe resposta "correta" para os dilemas envolvidos nessas decisões. Em vez disso, os líderes devem olhar para os valores a fim de guiar sua abordagem.

Isso leva a outra maravilhosa distinção que Woodruff faz em *The Ajax Dilemma*, entre os *ideais* e seus *duplos*. Um ideal é um padrão que você deseja seguir na vida. Por exemplo, liderar de maneira *justa*, permitindo que as pessoas sejam reconhecidas por suas realizações e recompensadas de acordo. O duplo de um valor é um procedimento aplicado sem crítica na tentativa de criar esse ideal. O duplo típico para a justiça é a *imparcialidade*. Quando trata todos do mesmo modo, você não precisa pensar criticamente sobre cada situação; em vez disso, pode aplicar uma regra. Mesmo que o resultado seja ruim, é fácil justificá-lo porque ele segue uma regra predefinida que se baseou em um princípio facilmente articulado.

Na maioria das organizações, não seria viável para todos os gerentes considerar cada solução para dilemas potencialmente éticos no ambiente de trabalho. Por um lado, a tomada de decisões no nível individual pode consumir muito tempo. Por outro, isso talvez leve, nos diversos setores da organização, a inconsistências que se mostrem um obstáculo à produtividade. Assim, as empresas criam procedimentos para lidar com esses ideais de modo a garantir a consistência de resultados nas diversas unidades organizacionais. Infelizmente, esses procedimentos muitas vezes geram resultados nada ótimos.

Se você se encontra em uma posição de liderança na qual precisa implementar políticas cujos resultados se mostrem com seus próprios valores ou têm consequências que violam os ideais da organização, posicione-se. Em muitos casos, as políticas foram implementadas de início com boas intenções e, mesmo assim, causam problemas. Você pode ter de cumprir uma política ruim no curto prazo, mas isso não é sustentável no longo prazo.

É importante apontar as consequências negativas das políticas para os líderes do alto escalão. Muitas vezes, eles não têm experiência direta no modo como os procedimentos são implementados e com o efeito que têm. Ao se posicionar, você pode iniciar revisões de políticas que serão melhores no apoio ao ideal da organização. Além disso, se informar seus subordinados de que está trabalhando na mudança das políticas que têm resultados injustos, vai manter a confiança deles enquanto segue regras que sua posição exige que você implemente.

É claro que, se uma política ruim continuar vigente mesmo depois de você tentar mudá-la, você deveria questionar se quer continuar a trabalhar para essa organização. Retomarei essa questão no Capítulo 9.

PONTOS PRINCIPAIS

Seus cérebros

CÉREBRO MOTIVACIONAL

- As pessoas são sensíveis ao que é recompensado no ambiente.
- Muitas vezes, funcionários adotam os objetivos de quem os rodeia por meio de contágio de objetivo.
- A intensidade motivacional reflete lacunas que podem ser preenchidas – alguma diferença entre o presente e o futuro quando existe um plano para minimizar ou eliminar essa diferença.

CÉREBRO SOCIAL

- Líderes carismáticos valorizam mais os componentes estratégicos da liderança do que os operacionais.
- Ter relacionamentos múltiplos com uma pessoa cria conflitos de interesse entre esses relacionamentos.

CÉREBRO COGNITIVO

- A aprendizagem é alimentada pelos erros.
- As pessoas dão valor aos custos irrecuperáveis na tomada de decisões.
- As pessoas têm dificuldade para raciocinar sobre probabilidades.
- O efeito da influência continuada significa que a informação revelada como falsa pode continuar a afetar os julgamentos.

Suas dicas

- Aprenda a pensar tanto estratégica quanto operacionalmente.
- Bons líderes ensinam seus subordinados a fazer as tarefas; caso contrário, não podem delegar tarefas.
- Existe o que você diz, o que você faz e o que você recompensa, e as pessoas ouvem esses elementos na ordem inversa. Quando as pessoas não fazem o que você pede, isso provavelmente se deve a um desalinhamento entre o que é dito, o que as pessoas estão fazendo e o que se recompensa.
- Deve-se punir a negligência, não o fracasso.
- Aprenda a dizer "sim" e a dizer "não" e saiba quais são suas razões ao negar algo.
- Aprenda a tomar decisões com base em estatística e probabilidades.
- Comunique-se frequentemente com seus subordinados, mesmo se tiver de lhes dizer que o futuro é incerto.
- Quando assumir um papel de liderança, ouça.
- Trabalhe em suas habilidades de falar em público. Pratique muito. Não se preocupe demais com palestras ruins.
- Aprenda a destacar as lacunas a ser preenchidas em palestras motivacionais.
- Esteja atento ao princípio do relacionamento dual.
- Desenvolva um *éthos* pessoal a levar para sua liderança.
- Reconheça os procedimentos que podem implicar resultados que não refletem seus ideais.

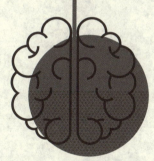

PARTE III
Como gerenciar sua carreira

9

Mudar de carreira, tentar uma promoção ou mudar de empresa

Sua carreira é mais que apenas um emprego; ela reflete as contribuições que você faz durante toda a vida profissional. A contribuição que você espera fazer pode mudar no decorrer do tempo. Certamente não imaginamos que as pessoas seguirão as carreiras que pretendiam quando tinham 5 anos ou mesmo durante a adolescência. Mas você não deveria manter aos 40 anos os desejos que tinha aos 25 anos.

Uma vez por ano, avalie onde você está profissionalmente e pense sobre como sua trajetória se alinha com as contribuições que deseja fazer e com seus objetivos gerais de carreira e de vida. Isso o ajudará a abordar três questões centrais em relação ao futuro. Esse caminho é o certo para mim ou devo mudar de carreira? Estou insatisfeito com minha organização e deveria tentar mudar de empresa? Este é o momento de assumir novas responsabilidades e tentar uma promoção? Essas perguntas serão o foco deste capítulo.

É claro que permanecer em um emprego específico nem sempre é uma escolha. Os empregadores podem reorganizar a empresa, eliminando seu emprego, e as empresas são compradas ou vão à falência. Seu empregador pode decidir que você não está se saindo bem no trabalho e demiti-lo. As questões exploradas neste capítulo são relevantes para você, de todo modo. No Capítulo 10, vou falar sobre conseguir um novo emprego depois de ser demitido.

Devo mudar de carreira?

As decisões de carreira são apostas sobre o futuro e se baseiam em três componentes. Primeiro, você prevê que a carreira que escolheu possibilitará um equilíbrio desejável entre vida pessoal e profissional, além dos recursos financeiros para alcançar objetivos pessoais. Segundo, aposta que essa carreira permitirá que você tenha o impacto que deseja sobre o mundo. Terceiro, espera que o trabalho cotidiano e o ambiente em que ele acontecerá sejam gratificantes. Você precisa avaliar essas três áreas ao decidir se deve permanecer numa trajetória profissional.

Seu estilo de vida

É difícil prever o que você vai desejar no futuro. A pesquisa sobre *consistência entre atitude e comportamento* feita por Icek Ajzen e Martin Fishbein na década de 1970 sugere que as pessoas muitas vezes erram ao prever o que desejarão no futuro, seja em termos de pequenas coisas (como sabores de sorvete), seja em termos de grandes coisas (como rumos profissionais). Isso ocorre porque raramente estão no mesmo estado motivacional de quando estavam quando fizeram a previsão.

Alguns estudos mostram até que as pessoas não julgam corretamente se se sentirão bem ou mal depois de alcançar ou deixar de alcançar metas profissionais importantes. Em um estudo, Dan Gilbert e Tim Wilson perguntaram a professores universitários que se candidataram a um cargo de titular como se sentiriam seis meses depois da decisão se conseguissem ou não a vaga. Os professores que obtêm a titularidade podem basicamente manter o emprego para o resto da vida, então essa é uma decisão importantíssima. Como se poderia esperar, os professores previram que estariam muito mais felizes seis meses depois de obter o cargo de titular que seis meses depois de não o conseguir. Os pesquisadores entraram em contato com eles seis meses depois de tomadas as decisões de titularidade e descobriram que as pessoas estavam igualmente felizes nos dois casos.

Então, você pode ser perdoado por não prever como vários aspectos da vida influenciarão seus sentimentos em relação a seu trabalho. E é claro que não pode antever os acontecimentos futuros, mesmo que tenha certeza do que quer da vida. Denise era uma professora universitária com responsabilidades significativas de ensino e pesquisa. Ela e o marido adotaram crianças, que acabaram precisando de muito mais atenção que o esperado por causa de problemas médicos. Ela negociou uma posição acadêmica menos exigente por algum tempo para passar mais tempo com os filhos. Essas decisões têm consequências. Mesmo que Denise tenha continuado publicando artigos durante esse período de carga de trabalho reduzida, o departamento não permitiu que ela retornasse à posição ocupada antes. Depois de algum tempo, ela e o marido foram para outra universidade. Mais uma vez, circunstâncias além de seu controle podem afetar sua trajetória profissional.

A primeira pergunta em sua avaliação anual deve ser se está feliz com o modo como sua carreira se integra com o resto de sua vida. O que acha do aspecto financeiro? Como diretor do programa de Dimensões Humanas das Organizações, trabalhei com muitas pessoas que dedicaram o início da carreira ao setor sem fins lucrativos, mas precisaram procurar empregos que pagassem melhor. Por mais que valorizassem a missão da organização, não conseguiam sustentar a família com os salários desse setor, então optaram por mudar de carreira.

A segunda questão deve ser se seu emprego permite o equilíbrio entre vida pessoal e profissional que você deseja. Depois de adotar filhos, Denise escolheu um trabalho menos exigente. E já vi acontecer o inverso. Alguns músicos que conheço aceitaram empregos basicamente para pagar as contas no início da carreira e poder se dedicar à música;

mais tarde, deram prioridade a empregos em outra área e transformaram a música em hobby.

Descobrir que seu caminho profissional atual não satisfaz seus objetivos financeiros ou pessoais não significa necessariamente que deva mudar de carreira. No entanto, seja realista quanto a esse caminho permitir ou não mudanças em seu equilíbrio futuro de trabalho e vida. Caso contrário, continuará a se sentir desapontado ou precisará mudar alguma coisa significativa no trabalho.

Sua contribuição

Outro aspecto do trabalho que pode deixá-lo insatisfeito é sua contribuição. É comum ter expectativas elevadas no início da carreira em relação ao que se pode realizar. Nem todos os empregos que tiver vão possibilitar progresso suficiente nessa direção.

A história de um colega meu do ensino médio é um excelente exemplo. Depois de se formar em física, Bob foi trabalhar para uma empresa que produz instrumentos de pesquisa. A empresa foi comprada e depois se fundiu com outras. Bob ficou encarregado de algumas pesquisas e equipes de desenvolvimento, mas a empresa com frequência queria que ele treinasse novos grupos em outros países para terceirizar trabalhos em outros locais com leis tributárias mais favoráveis. No fim das contas, Bob se sentia preso na média gerência. Ele não podia influenciar decisões de alto escalão na organização e não conseguia tocar projetos inteiros até a conclusão. Um dia, depois de fazer uma ressonância magnética nas costas por causa de uma lesão, ele começou a pensar que trabalhar como técnico de imagens seria mais gratificante que aquilo que ele fazia, embora fosse menos lucrativo. Depois, obteve um certificado de técnico de raio X. Por sua formação em física e em instrumentação, ele também pode dar aulas em programas de certificação e se corresponder com autores de manuais sobre como ensinar a lidar com imageamento. Ele não ganha tanto quanto ganhava na carreira anterior, mas ama seu trabalho.

Talvez as habilidades e as oportunidades não permitam que você faça a contribuição que gostaria. Sou orientador de muitos estudantes que entram no doutorado com o sonho de se tornar professores universitários. Nos Estados Unidos, são produzidos muito mais doutores na maioria das áreas que o número de empregos acadêmicos no nível inicial. No fim da pós-graduação, os estudantes podem julgar se têm chances de ser bem-sucedidos no mercado de trabalho acadêmico. Muitos decidem procurar empregos em que possam usar suas habilidades de pesquisa em empresas.

Suas prioridades também podem mudar com o tempo. Jay tomou a decisão de mudar de carreira. Ele trabalhava para uma empresa que fazia pesquisa para empresas financeiras que queriam avaliar oportunidades de investimento. Enquanto trabalhava lá, a empresa cresceu, e ele compartilhou esse sucesso. Aos 40 anos, teve câncer e, enquanto se tratava, refletiu sobre a própria carreira. Jay começou um blog para compartilhar pensamentos e a importância de ter uma vocação em vez de apenas um trabalho (como discutido no Capítulo 2). Os tratamentos foram bem-sucedidos. Logo depois de voltar à ativa, porém, ele recebeu uma proposta para sair da empresa e aceitou. Jay reconheceu que queria dar mais significado ao trabalho e, no fim, preferiu procurar outro caminho.

Seu processo

Quando escolhe um caminho de carreira, você faz uma suposição sobre as atividades de que gostará no futuro. Quando jovem, pode se animar com o desafio de conseguir um novo cliente e a ideia de viajar para visitar os clientes em potencial, então vai gostar muito das oportunidades de um trabalho de vendas em uma empresa nacional. E pode ter muito sucesso no trabalho. O que você não tem como saber é quanto continuará gostando de trabalhar com novos clientes e de viajar com frequência. Talvez esse estilo de vida seja empolgante durante toda a carreira. Ou talvez você se canse de aviões, hotéis e jantares por conta da empresa.

Perder sua paixão pelas tarefas e pelo ritmo do trabalho muitas vezes é chamado de "burnout". Um círculo vicioso se desenvolve. Você não gosta dos resultados do trabalho que está fazendo e tem emoções negativas relacionadas ao trabalho, como estresse, tristeza e frustração. Esses sentimentos deixam você menos resiliente às coisas ruins que acontecem no âmbito profissional e, assim, suas emoções negativas aumentam. No fim, você pode não gostar mais nem das tarefas que precisa realizar nem das pessoas com quem trabalha – seus colegas e seus clientes. Fica mais difícil se motivar para trabalhar e dar seu melhor enquanto estiver lá.

É claro que nem todos os casos de burnout exigem mudança de carreira. Você pode desenvolver várias estratégias para aumentar sua resiliência. Por exemplo, meditação e outras técnicas de mindfulness ajudam a diminuir o estresse e a ansiedade, reduzindo o ritmo de suas reações aos fatores estressantes no ambiente de trabalho. Então, pode se sentir melhor com o que está fazendo e ter mais energia para superar a adversidade.

Sua resiliência pode aumentar se tiver colegas próximos no trabalho. Quando gosta das pessoas com quem trabalha, seu trabalho dá a sensação de um esforço em equipe, e você não enfrenta os problemas sozinho. Você também pode fazer coisas gratificantes fora do trabalho, como passar um tempo com a família e os amigos, criar hobbies ou se exercitar. Burnout não é um motivo para jogar a toalha, mas é um sinal de que você deve fazer algo diferente. A falta de motivação e a fadiga emocional que vêm com o burnout não melhoram sozinhas.

No moderno ambiente de trabalho, muitas pessoas não tiram todo o tempo de férias a que têm direito. Algumas pessoas acham que, dessa forma, serão vistas como dedicadas e serão promovidas rapidamente. Mas ninguém de fato dá atenção a esse tipo de sacrifício, então há pouca vantagem em acumular as férias.

E existe um grande prejuízo em fazer isso. O tempo longe do trabalho é importante: dormir até tarde, visitar outras cidades, caminhar nas montanhas ou ler por prazer. Os dias longe do trabalho também lhe dão mais perspectiva sobre os problemas enfrentados no ambiente profissional, que podem parecer maiores em seu mundo emocional ao lidar com eles todos os dias. Seu cérebro motivacional fará com que você se concentre neles o tempo todo. Tirar uma folga do trabalho ajuda seu cérebro motivacional a se afastar desses problemas, e, assim, você conseguirá priorizar as questões que lhe parecem centrais. As férias regulares devem se tornar parte de sua caixa de ferramentas para manter a resiliência. E há algumas evidências de que, se de fato estiver com problemas no trabalho, férias mais extensas – mais de catorze dias – terão no longo prazo um impacto maior sobre seu bem-estar que uma semana ou menos.

Se você tentou muito aumentar sua resiliência e ainda não gosta nem um pouco de suas tarefas no trabalho, pode estar na hora de pensar em mudança de carreira. Porém, como mencionei no Capítulo 2, o fato de gostar do trabalho vem, em parte, das próprias tarefas, mas também de quanto você pode conectá-las a uma missão mais ampla. Ao procurar outras oportunidades de carreira, observe quando a missão de uma organização reflete seus valores. Idealmente, sua próxima carreira terá tarefas específicas de que você gosta e também uma oportunidade de contribuir em uma área que é importante para você.

Será que você pode mesmo mudar de carreira?

Decidir que uma mudança de carreira seria o ideal não é o fim do processo. Provavelmente você já encontrou muitas pessoas que detestam o próprio emprego, mas não fazem nada para mudar isso. Para agir depois de tomar a decisão de mudar de carreira, você precisa de apoio de quem o rodeia com um plano para o futuro.

É provável que você dependa de seu salário. Talvez sustente familiares além de si mesmo. Uma mudança de carreira requer conversar com essas pessoas sobre o que é viável. Você pode se dar ao luxo de ficar um tempo sem trabalhar para estudar de novo? Pode arcar com o estudo adicional necessário para uma nova carreira? Pode começar em um cargo de baixo escalão em uma nova organização? Na conversa com Bob, que mencionei, ele me disse que tinha sido fácil escolher uma carreira menos lucrativa porque ele e a esposa optaram por não ter filhos.

Você pode descobrir que sua resposta a algumas dessas perguntas é "não". Nesse caso, concentre-se nas habilidades de resiliência, descritas na seção anterior, a fim de tornar o trabalho que está fazendo o mais suportável possível.

Como mencionei no início deste livro, trocar a trajetória profissional está se tornando mais comum. Fazer uma mudança já não tem o estigma que tinha trinta anos atrás. Isso significa que hoje você não precisa justificar tanto sua decisão aos empregadores em potencial, ao contrário dos trabalhadores que mudavam de carreira no passado.

Simplesmente decidir fazer uma mudança de carreira não significa que precise sair de seu emprego atual. Se a nova carreira exige novas habilidades, pense em fazer cursos ou voltar a estudar enquanto trabalha. Cerca de um quarto dos estudantes no programa de mestrado Dimensões Humanas das Organizações na Universidade do Texas pretendem fazer algum tipo de transição de carreira, e muitos deles só mudam de carreira depois de concluir o mestrado. Jeannie seguiu esse caminho. Ela se inscreveu no programa com a intenção de mudar de carreira e, seis meses depois de formada, conseguiu uma vaga que descreve em uma postagem nas redes sociais como "o melhor emprego do mundo".

Outra opção é trabalhar com um coach de carreira para identificar quais habilidades são necessárias para ser um bom candidato para a vaga almejada. Então, você pode passar algum tempo para lidar com seus pontos fracos e suavizar a transição. Isso é especialmente importante se seu novo caminho profissional exigir uma licença ou uma certificação.

Você pode ficar tentado a manter seus planos em segredo no ambiente de trabalho atual. E provavelmente está certo ao fazer isso. Se

194   Mindset da carreira

acredita que a organização não o apoiaria ou poderia até encontrar razões para demiti-lo, mantenha o processo em segredo.

No entanto, divulgar seus planos para os colegas pode ter vantagens. Por um lado, sua atitude em relação ao trabalho que está fazendo pode melhorar, porque você sabe que é temporário. Uma grande fonte de frustração em qualquer situação é a sensação de *impotência*. Se sentir que não tem controle sobre as circunstâncias, sua resiliência e sua motivação diminuem. Quando assume o controle da futura carreira, pode descobrir que as frustrações de seu trabalho atual diminuem.

Além disso, é possível que seus colegas apoiem seu desejo de mudar de emprego mais do que você imagina. Se um deles pensasse em mudar de carreira, você provavelmente desejaria o melhor para essa pessoa. É provável que seus colegas sintam o mesmo. E eles talvez conheçam pessoas que podem ajudá-lo a se estabelecer na nova carreira.

Devo tentar uma promoção?

Um ponto crucial de decisão em qualquer carreira tem a ver com a busca de progresso. Pode parecer que essa escolha não é sua porque tendemos a olhar para as carreiras em termos de promoções. O conceito de um trabalho sem saída supõe que, se não está em posição de progredir em uma organização, está perdendo tempo. Esta seção examina as perspectivas nesse âmbito. Vou começar com considerações sobre progredir ou não e, depois, explorar estratégias para buscar novas posições.

Como decidir progredir

Para começar, você deve distinguir entre *desenvolvimento da carreira* e *avanço na carreira*. Desenvolvimento envolve aprender novas habilidades e conhecimentos relativos a seu trabalho e experimentar outras coisas. É possível se desenvolver mesmo na ausência de oportunidades de progresso.

Por exemplo, imagine que você abriu um café em seu bairro. Você é o dono e não tem realmente nenhuma oportunidade de "progredir" ou "avançar". Mas pode dirigir esse café por trinta anos e, nesse tempo, aprenderá habilidades de como apresentar ofertas aos clientes e como trabalhar com os funcionários, motivá-los e treiná-los. Parece uma carreira gratificante, apesar da ausência de promoções.

Ao questionar se deve tentar uma promoção, descubra as oportunidades de desenvolvimento de carreira disponíveis para você. Como discutimos no Capítulo 5, aproveite aulas, verbas para treinamento externo e mentoria. Converse com supervisores e mentores sobre as habilidades de que poderia precisar para progredir. Encontre maneiras de desenvolver essas habilidades enquanto está no trabalho atual. Isso não só vai acelerar seu processo para uma nova posição, como demonstrará o tipo de iniciativa que as organizações muitas vezes procuram ao selecionar quem será promovido.

Claro, não espere que tudo aconteça rápido. Você também precisa ter certeza de que está fazendo bem seu trabalho atual. No início da carreira, as pessoas podem ficar impacientes para conseguir cargos com mais responsabilidade ou prestígio. As funções atuais por vezes parecem menos importantes que as que seriam realizadas em uma posição mais avançada, então as pessoas deixam de dar atenção aos detalhes do trabalho. E as posições de escalão mais alto em uma hierarquia organizacional muitas vezes exigem uma compreensão – e, algumas vezes, domínio – das habilidades das posições de nível mais baixo.

O progresso nas organizações é de dois tipos: técnico e gerencial. Alguns empregos técnicos e, por vezes, linhas técnicas dentro das organizações lhe dão mais responsabilidade na execução de tarefas. Em um cargo inicial de vendas, é provável que você seja responsável por um pequeno número de clientes e tenha mais supervisão de vendedores experientes. Em uma posição sênior, seu território ou sua região é maior. A Microsoft tem uma hierarquia técnica para programadores e engenheiros qualificados que lhes permite assumir mais responsabilidade em projetos dentro de sua área de conhecimento.

Sua empresa pode não ter uma hierarquia de carreira técnica longa, mas é quase certo de que haja uma linha gerencial. As pessoas muitas vezes vão de cargos iniciais, em que as responsabilidades cotidianas dependem de um conjunto específico de habilidades e conhecimentos, a posições de supervisão, em que fazem menos trabalho técnico e mais trabalho operacional. No passado, a suposição era que a eficácia de um líder, ou um gerente, era diferente do conhecimento técnico dessa pessoa. Por exemplo, um programa de MBA típico aceita estudantes de 20 e poucos anos a 30. Raramente com essa idade a pessoa desenvolveu uma expertise técnica significativa em seu campo. Se a gerência exige um conjunto de habilidades distinto, faz sentido obter um grau de estudo avançado para passar à linha gerencial.

Estudos mais recentes sugerem que bons líderes e gerentes em geral têm habilidades técnicas em suas áreas de conhecimento. É difícil visualizar quais estratégias podem ser implementadas na ausência de um conhecimento razoável dos objetivos específicos de uma organização. É difícil ser mentor de alguém sem compreender claramente o trabalho dele e como é feito. Então, aqueles que desejam passar para a hierarquia gerencial precisam desenvolver habilidades técnicas e dar atenção ao modo exato como as coisas são realizadas na empresa.

A próxima questão a abordar sobre sua atitude em relação ao progresso é o compromisso de tempo. As promoções envolvem mais responsabilidades, o que requer mais de seu tempo real e mais de seu tempo mental. O trabalho pode envolver reuniões até tarde, viagens ou outros compromissos que estenderão suas horas de trabalho e talvez lhe deem menos flexibilidade do que você tem agora. Raramente o progresso leva a uma redução no horário de trabalho.

O progresso também torna seu trabalho mais exigente mentalmente durante as horas de lazer. Será solicitado que você resolva dilemas – questões profissionais que precisam ser bem consideradas ou problemas interpessoais a ser abordados. Talvez você tenha até de lidar com questões relacionadas à planta física da empresa. Vivian tornou-se diretora e, na terceira semana no cargo, foi acordada com um telefonema sobre um grafite de mau gosto no exterior do edifício da empresa. Ela teve de se entender com a equipe de manutenção e com a polícia antes de começar o dia.

De qualquer modo, uma pesquisa feita na década de 1920 por Bluma Zeigarnik e Maria Ovsiankina demonstrou que, ao lidar com um problema, seu cérebro motivacional garante que o problema se mantenha ativo em seu cérebro cognitivo, assim você continua a pensar nele mesmo depois que o expediente termina. Você precisa estar preparado e saber que, quanto mais progredir, mais provável é que o trabalho fique em sua memória, quer você queira, quer não.

A última grande consideração quando se pensa em promoção é o salário. Muitas vezes, essa é uma das primeiras coisas em que as pessoas pensam. Você provavelmente compartilha a suposição geral de que os salários (e o poder aquisitivo) continuam a subir conforme a carreira progride. A insatisfação com a remuneração muitas vezes leva as pessoas a pensarem em uma promoção. No entanto, coloquei esse item por último na lista porque o salário não é um impulso da felicidade ou da satisfação com o trabalho no longo prazo. Pesquisas a respeito da "esteira hedonista" sugerem que as intensificações de felicidade originadas de aumentos ou promoções são fugazes depois de as necessidades básicas de comida, vestuário e abrigo terem sido satisfeitas. Embora um aumento lhe dê um impulso de felicidade e satisfação de curto prazo, você se adapta ao novo nível de renda depois de alguns meses e, então, passa a procurar um novo aumento ou outra promoção.

Se não estiver empolgado com a missão e as tarefas que a nova posição envolve, nenhuma quantia de dinheiro vai torná-la gratificante. Sua rotina será melhor se você adaptar seu estilo de vida a sua renda, em vez de ficar procurando um emprego que lhe dê o salário que deseja atualmente.

Dito isso, se está no mesmo cargo por algum tempo, pode sentir que merece um salário maior. Talvez você veja disparidades no que as pessoas ganham em seu escritório. Talvez empresas concorrentes paguem mais para cargos semelhantes. Talvez o custo de vida seja alto na região onde você mora, e você lute para pagar as contas. Qualquer uma dessas situações pode ser um bom motivo para falar com seu supervisor ou com o departamento de RH sobre um aumento.

Pode ser desconfortável pedir algo para si mesmo, sobretudo se tiver um alto nível de afabilidade, o que faz com que queira que as pessoas gostem de você. Você pode ter dificuldade de pedir coisas porque se preocupa com o modo como os outros vão reagir às solicitações. Um estudo de Timothy Judge, Beth Livingston e Charlice Hurst descobriu que as pessoas que têm níveis relativamente mais baixos de afabilidade tendem a ganhar mais (na média) que as que têm níveis relativamente altos de afabilidade, embora as primeiras também tenham maior probabilidade de ser demitidas.

Se você se preocupa com seu salário, é importante falar sobre isso. Essas preocupações podem aumentar com o tempo, deixando-o insatisfeito com a empresa e propenso a procurar emprego em outro lugar. E, mesmo que lhe deem um aumento sem que você peça, ele pode ser menor que o esperado. Seus empregadores não conseguem ler sua mente. Se quer algo, ou acredita que merece algo, peça a eles, para que possam satisfazer suas necessidades ou, pelo menos, falar com você sobre o que é possível.

Se vocês se reunirem para discutir um aumento, faça a lição de casa antecipadamente. Em primeiro lugar, tenha certeza de quem pode autorizá-lo. Nem sempre é seu supervisor. Em segundo lugar, se estiver preocupado com quanto os outros na empresa ganham, certifique-se de que a informação está correta. Não convém acusar seu empregador de pagar pouco a você com base em rumores que podem ser falsos. Se acha que ganha pouco em relação a outras pessoas no setor, olhe as médias da área para seu nível de experiência e documente isso. Quanto mais preparado estiver na reunião, melhor poderá defender seu caso.

Satisfação e insatisfação

Como administrar sua motivação a respeito de uma promoção? Você pode realmente desejar uma promoção, mas seu gerente diz que você precisa esperar um pouco mais para ter direito a ela. Ou você pode reconhecer que é a hora de buscar uma promoção, mas não está de fato motivado para progredir. O que fazer?

No Capítulo 8, falei sobre o papel das lacunas preenchíveis para gerar motivação. Os estudos sugerem que o mesmo princípio se aplica quando se pensa em uma promoção. O truque é criar satisfação quando deseja ficar em seu emprego por um tempo e insatisfação quando quer buscar uma promoção. Essa estratégia está relacionada com a que já sugeri neste capítulo para se manter animado ao seguir uma trajetória profissional da qual não gosta.

Você pode criar satisfação ao se concentrar em suas realizações no trabalho atual. Pense no que fez bem, em quem você ajudou e em como contribuiu para a missão da organização. Esses pensamentos vão ajudá-lo a apreciar seu trabalho atual e a se sentir bem com o que está fazendo.

Você pode gerar insatisfação ao se concentrar no que ainda não realizou em sua carreira. Pense nas contribuições que ainda quer fazer, mas que não conseguirá na posição atual. Pense nas tarefas a realizar e que gostaria que fossem responsabilidade de outra pessoa. Esses pensamentos vão deixar você menos feliz com seu trabalho atual e motivá--lo a pensar em alternativas.

Tenha em mente que é difícil estar de fato satisfeito com o que se faz e também motivado a buscar algo novo.

Como encontrar novas posições

Desde o primeiro dia na empresa, preste atenção nos outros cargos. Você tem boas razões para decorar o organograma: pode ser mais eficiente em conseguir o que deseja se souber a quem pedir apoio para um projeto ou para conseguir recursos e entender como as decisões são tomadas. E, conforme aprende a respeito do trabalho que outras pessoas fazem, pode contemplar caminhos profissionais alternativos.

No Capítulo 5, falei a respeito da mentoria. Em muitos relacionamentos de mentoria, os outros o aconselham sobre como se envolver com seu trabalho. Só ouvir as outras pessoas em sua organização falando sobre o cotidiano profissional pode ser valioso e lhe dar um modelo das diferentes maneiras de progredir na carreira. Talvez você se dê conta de opções empolgantes. (Às vezes, claro, descobrirá que um trabalho que imaginava que seria perfeito tem elementos que não combinam com você.)

Dê a sua rede de contatos uma chance de ajudá-lo a encontrar uma posição que seria melhor para você. As pessoas que estão bem impressionadas com o trabalho que você fez muitas vezes estão interessadas em ajudá-lo a atingir seus objetivos. Ao mesmo tempo, é provável que elas não ofereçam algo espontaneamente, então diga a elas que está interessado em progredir.

Heather (uma outra, não a do Capítulo 4) trabalhou por mais de doze anos em uma grande empresa de serviços financeiros interessada em fazer com que as pessoas tenham experiência em várias áreas. Então, quando se sentiu pronta, ela informou a várias pessoas que estaria interessada em um novo cargo. Disse que as "pessoas saíram da moita" imediatamente para sugerir posições que poderia assumir. Ela tem usado essa estratégia de tempos em tempos, de forma bem-sucedida, para encontrar uma nova posição na empresa.

Sua rede de contatos lhe dá uma grande vantagem sobre os outros candidatos a um cargo. Mesmo que os candidatos pareçam ótimos em teoria, é difícil competir com alguém que já é bem conhecido por quem define a contratação. Por um lado, os responsáveis pela contratação podem visualizar como seria trabalhar com você porque já têm alguma experiência com você. Se for convidado a se candidatar a uma vaga, terá muito mais chance do que se apenas enviar um currículo.

Devo mudar de empresa?

Como indiquei várias vezes, está se tornando mais comum as pessoas mudarem de uma empresa para outra que avançarem dentro da mesma organização. Como decidir se sua melhor opção é avançar na empresa atual ou ir para outra?

Uma coisa a considerar é a disponibilidade de cargos adequados na própria empresa. No início da carreira, é comum ter muitas opções para ser promovido. Depois de certo nível, porém, pode ficar mais difícil encontrar algo por lá. Por exemplo, redes de lojas de varejo com muitas filiais – como Starbucks, Best Buy e Lowe's – oferecem oportunidade de mobilidade logo no início. As pessoas podem subir na hierarquia gerencial em uma loja específica. Em seguida, podem ser promovidas para gerenciar um ponto mais movimentado. Mas poucas posições estão disponíveis depois disso – digamos, no nível distrital, regional ou na sede corporativa. Como resultado, as pessoas com aspirações à gerência de alto escalão podem ter de esperar até que abra uma vaga ou pensar em ir para outra organização. Muitas grandes empresas costumam ter um engarrafamento conforme as pessoas se aproximam das posições de gerência de alto escalão.

Jim trabalhava em uma empresa de serviços financeiros. Ele disse aos supervisores que estava interessado em ser promovido para uma função gerencial. Eles lhe disseram que a concorrência seria dura para essas vagas e que ele provavelmente precisaria esperar uns dez anos antes de ter a chance que desejava. Ele se candidatou a algumas posições dentro da empresa para ver como era e, por fim, decidiu ir para outra empresa que estava interessada em seus talentos.

Ao questionar se deve permanecer na organização, reveja seus valores centrais, discutidos no Capítulo 2. Como já indiquei neste capítulo, seus valores podem mudar com o tempo. E os valores da organização também. Por vezes, sua percepção inicial dos valores e da missão da organização pode ser diferente da realidade que você vivencia depois de trabalhar lá. Se seus valores pessoais e os da organização divergem, esse é um bom motivo para pensar em ir para outra empresa que talvez combine mais com você.

Em algum ponto da carreira, você pode ser abordado por pessoas de outras organizações interessadas em recrutá-lo. Isso pode acontecer por meio de sua rede de contatos ou por meio de empresas de recrutamento que rastreiam indivíduos bem-sucedidos numa área e avaliam o interesse deles em mudar de emprego. É gratificante ser contatado por um desconhecido que quer recrutá-lo para uma posição. É sempre bom saber quais oportunidades existem. Se você ainda não tinha pensado em mudar de empresa, porém, pode se reunir com seu chefe e ter uma conversa sobre o futuro antes de decidir se deve buscar outra possibilidade. Conte a seu chefe que uma empresa interessada entrou em contato e fale sobre suas aspirações profissionais. Algumas vezes, seus objetivos são levados mais a sério quando existe uma chance real de você sair da empresa.

No entanto, esteja atento ao que acontece em seu cérebro cognitivo conforme pensa em ir para outro emprego, quer seja recrutado, quer tenha decidido procurar emprego. Você pode pensar em avaliar as opções de trabalho comparando as informações que tem sobre cada vaga (salário, benefícios, responsabilidades) e, depois, escolhendo a que tem a melhor combinação de fatores. Mas, na verdade, o peso das informações muda conforme seu interesse nas posições. Como mencionei no Capítulo 4, os estudos de Jay Russo e seus colegas revelaram que os fatores consistentes com a crença de que uma posição desejada é boa para você vão se tornar mais importantes, e os fatores inconsistentes com essa crença serão vistos como menos relevantes. Em outras palavras, a ênfase dada aos elementos das opções começa a se alinhar com suas preferências. Se estiver basicamente interessado em ficar na empresa atual, os benefícios de ficar parecerão maiores que os da mudança. E, se estiver propenso a sair, você de repente perceberá que está se concentrando nos atributos da nova posição que são superiores à situação atual.

Essa coerência que se espalha tem duas influências. Primeiro, enquanto pensa em mudar de emprego, você ficará muito incomodado. Vai começar a reparar em todos os problemas do ambiente de trabalho, os quais podem passar a incomodar mais. Sua avaliação do emprego atual está afetada pelo interesse que você tem em mudar.

Em segundo lugar, o novo emprego pode parecer mais atraente do que de fato é. Por um lado, os recrutadores tendem a enfatizar os benefícios de trabalhar na empresa deles, não os problemas.

Em terceiro lugar, sua própria avaliação do novo emprego será influenciada por sua experiência profissional anterior. Para ver por que, vamos voltar ao processo de alinhamento estrutural descrito no Capítulo 4. Lembre-se de que, ao comparar opções, você vai enfatizar as diferenças alinháveis entre elas (isto é, os elementos que correspondem entre si), não as não alinháveis (elementos que são únicos a um deles). Isso significa que, se o novo emprego tiver um fator que você não encontrou em seu emprego atual, você pode não dar atenção suficiente a ele, o que talvez o leve a desconsiderar um problema da nova posição. Depois de mudar de emprego, você pode descobrir que trocou um conjunto de frustrações por outro.

Essas comparações levam ao efeito da "grama do vizinho". Você está acostumado com os defeitos de seu empregador atual e não sabe quais problemas encontrará na nova organização. Um modo de evitar a decepção é ter em mente que um novo emprego raramente é tão ideal como parece quando você toma a decisão sobre mudar ou não. Então, ao mudar, esteja preparado para descobrir problemas não previstos.

Isso não significa que nunca deva mudar. Quer dizer apenas que deve reconhecer que é provável que avalie o potencial cargo com bons olhos.

O CÉREBRO DE JAZZ

De quem é essa música?

No jazz, as pessoas tocam muitos covers – versões de músicas compostas e muitas vezes gravadas inicialmente por outra pessoa. Um músico pode aprender uma versão de uma música em um conjunto e depois mudar para outro e tocar a mesma música. Essa prática em geral é aceita. (Claro, se gravar e vender uma música escrita por outra pessoa, você precisa dar o crédito e pagar os royalties.)

Nos negócios, porém, as regras são diferentes. Algumas das coisas em que você trabalha pertencem a você, outras pertencem à organização que o emprega. Essa propriedade torna-se especialmente importante quando você decide sair da empresa e aceitar um novo emprego.

Você precisa levar em conta questões legais e éticas. Do ponto de vista legal, ao negociar um emprego e sair de uma empresa, você deve ter o cuidado de entender o que é seu e o que pertence à firma. Se trabalha com vendas ou outra função que tem clientes, que obrigação legal você tem de deixar sua lista de clientes e em que grau você poderá manter essa lista quando mudar? Pense em contratar um advogado da área trabalhista para examinar os contratos antes de abrir mão de seus direitos com os clientes e, se você desenvolveu propriedade intelectual durante o emprego na empresa, tenha certeza de que sabe quem detém os direitos sobre isso e se você pode levar parte dela para o novo emprego.

Eticamente, também convém considerar suas obrigações para com a firma em que trabalhou e para com os clientes. Em algumas áreas profissionais, como medicina e direito, o relacionamento de um profissional com um cliente é profundamente pessoal, e muitos profissionais avisam os clientes quando se mudam para outro consultório e lhes dão a opção de ir junto. Em alguns trabalhos com vendas, porém, você desenvolveu clientes usando recursos da empresa e com a ajuda de pessoas, estruturas e processos desenvolvidos por essa empresa. Levar essa propriedade sem compensação para a empresa parece uma violação ética, mesmo que não haja barreiras legais para isso.

PONTOS PRINCIPAIS

Seus cérebros

CÉREBRO MOTIVACIONAL

- As pessoas preveem errado a influência de eventos negativos sobre sua felicidade futura.
- Ansiedade e estresse tornam mais difícil ignorar as coisas negativas que acontecem no trabalho.
- Ter uma sensação de poder ao agir ajuda as pessoas a se sentirem bem na situação em que estão.
- Tarefas incompletas prendem a atenção e a memória porque o objetivo permanece ativo.

CÉREBRO SOCIAL

- Ter colegas próximos no trabalho aumenta a resiliência.

CÉREBRO COGNITIVO

- Você pode prever melhor sua atitude futura quando sua situação atual é parecida com aquela em que estará depois.

Suas dicas

- Você pode estar insatisfeito com sua carreira se previu erroneamente seus desejos adiante na vida ou se não consegue fazer a contribuição que esperava.
- Desenvolver um bom relacionamento com os colegas deve ser prioridade. Isso pode ser mais importante do que você pensa.
- Tire férias regulares. O trabalho ainda estará ali quando você voltar.
- Se estiver insatisfeito com sua trajetória profissional, pense sobre o treinamento necessário para conseguir outro emprego.
- Partilhe seus planos com os colegas; eles podem ajudar.
- Desenvolvimento na carreira e avanço na carreira não são a mesma coisa.
- Não tente ser promovido depressa demais.
- A liderança exige conhecimento técnico, além de outras habilidades.

- O dinheiro importa, mas um aumento não fará você feliz por muito tempo.
- Aprenda a pedir aquilo de que precisa.
- Para se sentir bem no seu cargo atual, concentre-se naquilo que faz bem. Para se motivar a buscar uma promoção, concentre-se no que ainda tem a realizar.
- Dê atenção aos trabalhos que outras pessoas estão fazendo para descobrir oportunidades.
- Talvez você precise mudar para progredir.
- Cuidado com os efeitos da coerência difundida se começar a procurar outras empresas. Eles podem levar a um efeito de "grama do vizinho".
- Fique atento ao que você pode e ao que não pode levar de seu emprego atual ao mudar de empresa.

10

Sua carreira

No início deste livro, falei como é difícil definir uma carreira. Isso acontece porque, no cérebro cognitivo, carreira é parte do que é chamado de "categoria *ad hoc*". Larry Barsalou cunhou esse termo depois de notar que as pessoas inventam categorias como *comida diet* (aipo, cenoura, refrigerante sem calorias) e *coisa para tirar de casa se houver um incêndio* (crianças, animais, fotos de família). Sua carreira cai na categoria *contribuições que fiz durante minha vida profissional*.

Barsalou descobriu que as pessoas avaliam um membro de uma categoria *ad hoc* em relação à proximidade dele com o *membro ideal* dessa categoria. Isso contrasta com o modo como julgam a adequação de categorias que se baseiam nas características compartilhadas dos participantes – nesse caso, a comparação é com uma média ou um *protótipo*. Considere a categoria *pássaros*. A inclusão nessa categoria se baseia nas características dos membros médios. Para a maioria das pessoas, isso significa pequenos pássaros que cantam, como sabiás e pardais. Eles têm penas e asas, cantam, voam e constroem ninhos. Pássaros similares são julgados como bons exemplos dessa categoria, ao passo que os diferentes – como pinguins e avestruzes – não são. Em contraste, pense na categoria *comida diet*. A comida diet ideal é saborosa e tem pouco açúcar. Quanto mais uma comida se parece com esse ideal, melhor ela é considerada.

As pessoas também têm ideias sobre uma carreira ideal. Para muitos, envolve uma série de empregos que amam e nos quais continuam a ser promovidas, aumentando salário, influência e autonomia. Você (e outros) provavelmente julgarão se sua carreira é boa ou não de acordo com o quanto ela se parece com esse ideal.

Contudo, sua carreira não se encaixará necessariamente nesse ideal, e é provável que nem deva. Quando se trata de gerenciar sua carreira, você precisa ser flexível na busca de seus objetivos. E, se outras pessoas julgarem sua carreira de acordo com o ideal, deve-se garantir que esses julgamentos não influenciem indevidamente o modo como você toma decisões. O importante é que sua carreira seja excelente para você.

Neste capítulo, exploro alguns fatores que afetam sua capacidade de gerenciar sua carreira. Começo com uma discussão sobre como maximizar sua satisfação com ela. Examino maneiras de desenvolver bons relacionamentos em novos ambientes de trabalho ou em novos cargos. Depois, abordo o assunto mais amplo de administrar sua rede de contatos no decorrer da carreira. Finalmente, falo sobre como lidar com problemas como demissão.

Como deixar que sua carreira aconteça

No Capítulo 2, falei sobre os perigos de projetar sua carreira (ou sua história de vida). É difícil avaliar com antecedência a contribuição que você vai fazer. E estar aberto à experiência – uma característica de personalidade que apresentei na discussão – permite que você considere novas possibilidades que surjam, em vez de decidir antecipadamente que elas não combinam com o que você visualiza para si mesmo.

Também é importante ser paciente com a velocidade com que sua carreira avança. Vivemos em um mundo acelerado, no qual, se tentar, você vai encontrar muitas evidências de que os outros se saem muito melhor que você. Não importa qual é a área; alguém ganha mais ou teve mais sucesso quando era mais novo que você. Seu cérebro social se envolve em muitas comparações entre você e as outras pessoas, e o ambiente das redes sociais torna isso fácil.

As comparações são de dois tipos: superior e inferior. Em uma comparação social superior, você se compara – suas realizações, seu emprego, seus bens, e assim por diante – com alguém que se sai melhor que você em alguma dimensão. Em uma comparação social inferior, olha para alguém que se sai pior.

Embora seja natural fazer esses dois tipos de comparação, nenhum deles é especialmente útil para gerenciar sua carreira. As comparações sociais superiores criam emoções negativas. Quando não está à altura das realizações dos outros, você se sente mal com o que fez. Essas comparações podem fazer com que se esforce mais para atingir seus objetivos, mas, em geral, só se a pessoa com quem se compara for similar – se trabalhar na mesma empresa ou no mesmo nível hierárquico. Quanto mais diferente for a pessoa com quem você está se comparando, menos você sentirá que pode alcançar o que ela alcançou.

As comparações sociais inferiores tendem a fazê-lo se sentir bem com o que realizou, mas, como discuti nos capítulos 8 e 9, tal satisfação não é muito motivadora. Essas comparações podem ser uma maneira fácil de melhorar seu estado de espírito, mas não o auxiliam a gerenciar sua carreira.

Por outro lado, a autocomparação, ou seja, comparar seu eu atual com seu eu passado e com o futuro, pode ser muito valiosa como ferramenta motivacional. Você supõe que sua versão futura será quase igual à atual, com exceção de alguma realização. Gerar fantasias sobre esse eu futuro pode energizá-lo para ir atrás de seus objetivos sem fazer com que sinta que já devia tê-los alcançado.

A pesquisa de Junseok Chun, Joel Brockner e David De Cremer sugere que, quando você está em uma posição de avaliar outras pessoas, elas serão mais motivadas por comparações de seu desempenho atual com seu desempenho passado que por comparações de seu desempenho atual com o de outras pessoas. Elas também vão pensar que essas avaliações são mais justas que comparações com os outros.

Outro elemento importante para ser paciente com sua trajetória profissional é definir o sucesso do modo certo. Tenha em mente que, embora as contribuições que você faz em sua carreira sejam motivadoras, elas não são uma definição sustentável de sucesso. Do mesmo modo como você se adapta rapidamente a aumentos de salário, você logo se ajusta a um objetivo específico que atingiu. Embora se sinta bem por ter conseguido alguma coisa, essa sensação boa logo se dissipa conforme seu sucesso se transforma simplesmente em parte de sua identidade.

Os fatores que influenciam sua satisfação diária são o que mantém a sensação boa no trabalho. Como discutimos no Capítulo 2, as pessoas que veem seu trabalho como uma vocação ou um chamado em geral são mais felizes que aquelas que não o veem assim, principalmente porque cada dia de trabalho é repleto de significado. Assim, uma carreira bem-sucedida deve ser definida em grande parte de acordo com o modo como você faz seu trabalho, não apenas pelos resultados.

Mantenha certa flexibilidade em como você define tanto os resultados quanto os processos que considera bem-sucedidos. Anos atrás, eu estava falando com um colega sênior sobre o motivo de outro professor, um amigo mútuo, estar tão infeliz. Ele tinha publicado muitos artigos que eram bastante lidos e citados na comunidade científica e tinha um emprego excelente em uma universidade importante na área de pesquisa. Tudo isso devia ter dado muita alegria a esse professor. Meu colega disse: "Se seu único objetivo na vida é ser um professor catedrático em Harvard, então, a menos que venha a ser um professor catedrático em Harvard, você sente que fracassou". Se sua definição de sucesso tem um foco estreito em um resultado específico, pode ser impossível atingir o alvo.

Se está infeliz com sua carreira, olhe para sua vida e pergunte a si mesmo se outra pessoa nessa situação estaria feliz. Como você pensaria sobre aspectos de sua vida se eles acontecessem com outra pessoa? Se achar que outros estariam bem felizes com sua situação, mas você não está, examine os motivos para a insatisfação. Se almejava um resultado específico que não aconteceu, pode valer a pena abandonar essa definição de sucesso. Pode não ser fácil mudar seus critérios de sucesso, mas é possível.

Essa estratégia está relacionada à fábula de Esopo sobre a raposa que salta para pegar uvas e, ao descobrir que não as alcança, as deixa de lado dizendo que provavelmente estavam verdes. A expressão "uvas verdes" geralmente é usada para algo negativo. A lição é que sua capacidade de obter alguma coisa não deveria levar você a desvalorizar essa coisa. Mas, se um resultado é algo que você não pode atingir e concentrar-se nisso diminui sua satisfação com sua carreira e talvez até diminua sua motivação, então desvalorizar esse resultado é de fato uma boa ideia. Talvez essas uvas estejam verdes, afinal de contas.

Desenvolver bons relacionamentos com novos colegas

No decorrer de sua carreira, você provavelmente será, diversas vezes, o novato no grupo. Isso pode acontecer porque mudou de uma empresa para outra ou porque mudou de cargo ou passou a ter novas responsabilidades em sua organização.

Sua capacidade para realizar um trabalho de modo eficiente muitas vezes exige desenvolver logo um relacionamento com seus colegas. No Capítulo 3, falei sobre o *efeito halo*, pelo qual os cérebros sociais das outras pessoas vão interpretar seus esforços sob a luz mais favorável e estarão mais dispostos a perdoar seus erros se já tiverem uma impressão geral favorável de você. Então, seu objetivo ao se juntar a um novo grupo é se integrar o mais depressa possível à comunidade. Lembre-se de que, de início, você será tratado como estranho. As pessoas ainda não sabem se podem ou não confiar em você, então demonstre que é digno de confiança.

Para fazer isso, deve-se primeiro observar o que as pessoas estão fazendo e saber como é o comportamento comunitário em seu novo grupo. Alguns grupos valorizam as pessoas visivelmente ansiosas para assumir novas tarefas e para ajudar os outros. Outros grupos não gostam de muito entusiasmo explícito mesmo quando todos estão comprometidos com o sucesso da organização. Outros ainda têm um espírito altamente competitivo e consideram certa postura de agressividade um sinal de fazer parte do time. Dê atenção às normas sociais de seu novo grupo para contribuir de uma maneira que seus colegas apreciem.

Você também precisa ganhar confiança de uma forma apropriada à posição que assumiu. Se está entrando no grupo em uma posição relativamente baixa, concentre-se em concluir as tarefas recebidas. Peça ajuda com trabalhos desconhecidos. Se descobrir que está sem o que fazer, peça sugestões de como pode ajudar. Não espere apenas que os outros lhe façam pedidos.

Se tiver mais responsabilidade de supervisão em um grupo, conquiste a confiança ouvindo as preocupações das pessoas e prometendo fazer apenas aquilo que realmente puder fazer. As pessoas que trabalham com você querem saber se você vai direcionar energia para as coisas que concordaram em fazer. Elas querem ver se você fala com as pessoas hierarquicamente na organização a respeito das posições que assumiu. E também querem saber se é consistente a respeito daquilo que não concordou em fazer. Sem dúvida, algumas pessoas vão reclamar de suas decisões. Todo mundo está observando se quem reclama consegue mais o que deseja do que quem aceita as decisões. Sua capacidade de se comunicar com clareza a respeito de suas decisões vai gerar confiança no grupo. E sua disposição para lutar por sua equipe será recompensada com lealdade e apoio a suas iniciativas.

Por mais importante que seja causar um boa primeira impressão, nem sempre se consegue isso. Talvez você faça um comentário infeliz ou revele um pouco de vontade demais de demonstrar seu valor para o grupo. Você pode prometer demais e fazer de menos em um primeiro projeto.

214   Mindset da carreira

Também é importante aprender a consertar relacionamentos que começaram mal. A melhor maneira de fazer isso é abordar o problema de frente. É natural evitar falar com as pessoas com quem você tem um relacionamento tenso, e isso pode ser uma boa estratégia em muitas situações sociais. No ambiente de trabalho, porém, você precisa trabalhar com as pessoas mesmo que (ainda) não goste muito delas.

Marque um momento para se reunir, individualmente ou em um pequeno grupo, com quem você não se dá bem. Comece pedindo desculpas pelo que pode ter feito para perder a confiança delas. Um bom pedido de desculpas tem quatro componentes:

1. Comece deixando claro que pretende pedir desculpas. Isto é, diga que sente muito.
2. Afirme claramente o que você fez de errado. Afirmações vagas e gerais ("Erros foram cometidos") não são suficientes. As pessoas querem que você reconheça o que fez, porque assim terão alguma confiança de que você sabe o que está tentando consertar.
3. Diga que está comprometido a mudar seu comportamento para que o que fez no passado não aconteça de novo.
4. Diga especificamente o que fará para consertar os problemas criados por suas ações passadas.

Esses pedidos de desculpas também são eficientes em situações mais amplas. Um administrador de alto nível em uma universidade em que trabalhei violou as regras sobre a compra de passagens aéreas quando a esposa o acompanhou em várias viagens de trabalho. Era uma pequena violação de ética porque a esposa tinha um papel nos eventos, então não era óbvio que as compras tivessem sido inapropriadas (embora tenham soado mal quando foram publicadas na imprensa). Mesmo assim, esse administrador emitiu de imediato um pedido de desculpas explicando exatamente o que tinha acontecido, assumiu a responsabilidade pelo ato, prometeu que não aconteceria de novo e devolveu o dinheiro gasto com as passagens. Como resultado, ele não sofreu nenhuma consequência negativa de longo prazo, graças a sua capacidade de trabalhar com a comunidade.

Se você se reunir com pessoas para começar a consertar seu relacionamento com elas, é preciso ouvir o que têm a dizer sem ficar na defensiva. Tente manter a conversa voltada para o futuro. Fale sobre o que vai fazer para melhorar seu relacionamento com os outros. Se houver coisas que gostaria que seus colegas fizessem de outro modo, mencione-as. Se for novo em um grupo, talvez ainda não conheça as normas sociais. Pode ser útil pedir aos novos colegas que sejam específicos a respeito de como você não cumpriu as expectativas deles ao começar do jeito errado.

É preciso ter prática para desenvolver bons relacionamentos em novos grupos. Algumas pessoas parecem ter um dom natural para isso, outras precisam desenvolver essa habilidade. Se descobrir que tem dificuldade nisso, pense em procurar um mentor ou um coach que possa sugerir como melhorar seu entrosamento com as equipes. Você pode até mesmo representar situações com esse mentor para praticar o modo de lidar com esses relacionamentos.

Como gerenciar sua rede social

Conforme sua carreira avança, convém manter contato com muitas das pessoas com quem já trabalhou. Só porque não é mais parte de uma equipe específica no cotidiano, não significa que os colegas de antes não façam mais parte de sua rede.

Isso pode parecer especialmente difícil depois de você sair de uma empresa. Afinal de contas, é provável que tenha decepcionado algumas pessoas ao sair, mesmo que mudar de empresa tenha se tornado comum. Mas, na verdade, pedir demissão em geral não é considerado uma traição. Como evidência, o número de pessoas que saem de uma empresa e que voltam em algum momento está aumentando. Essas pessoas até têm um nome: "funcionários-bumerangue". A capacidade de retornar e ter sucesso depende de continuar a fazer parte da comunidade de ex-colegas, e vice-versa.

Comece enfatizando que você e as pessoas com quem trabalha devem ter sucesso tanto em conjunto, para a empresa, quanto individualmente, na direção de metas profissionais de cada um. Muitas vezes, ao trabalhar em equipe, as pessoas se concentram basicamente em sua identidade como membros da mesma empresa. Assim, alguém que deixa a empresa sai do grupo interno e vai para um grupo externo. Isso cria distância no relacionamento e enfraquece o desejo de ver os ex-colegas serem bem-sucedidos.

Seu cérebro cognitivo lhe permite categorizar as pessoas de muitas maneiras diferentes. Só porque você ou outra pessoa saiu da empresa não significa que você não pode ver os antigos colegas como parte de sua comunidade mais ampla. Lembre-se de que seus ex-colegas são pessoas com que você se importa e de que fica feliz ao vê-los se saindo bem.

Mesmo que nunca retorne a uma empresa para a qual trabalhou no passado, você ainda pode encontrar maneira de colaborar com essa organização e com as pessoas que nela trabalham. Atualmente é comum que as empresas precisem trabalhar com concorrentes para atingir objetivos de grande escala que não conseguiriam alcançar sozinhas. Isso é por vezes chamado de "coopetição".

Pode ser difícil estabelecer uma aliança com uma concorrente, especialmente se você não tiver certeza de que pode confiar na outra empresa. A falta de confiança vai atrapalhar as negociações de contrato necessárias para que essa aliança funcione. Porém, se várias pessoas já trabalharam para as duas empresas, o histórico de cooperação pode criar muitas outras oportunidades de coopetição. Manter os relacionamentos com ex-colegas pode facilitar acontecimentos que beneficiarão tanto sua nova empresa quanto aquela que você deixou.

Assim, evite comentários negativos sobre empresas em que já trabalhou. Você pode pensar que dizer coisas ruins sobre outra empresa vai agradar aos novos colegas, mas, na verdade, isso causa dois problemas. As coisas que você disser sobre os ex-colegas podem muito bem chegar a eles por meio de conhecidos em comum, então você corre o risco de prejudicar seu relacionamento com eles. E, se tiver reputação de alguém que fala mal de antigos colegas, as pessoas vão supor que é apenas questão de tempo até você começar a dizer coisas negativas sobre elas também.

Como lidar com contratempos

Agora que estamos quase chegando ao fim deste livro, você já deve ter percebido que sua carreira não será uma série contínua de sucessos – mesmo que você faça tudo certo, se esforce ao máximo, trabalhe para corrigir seus erros, ajude os outros e mantenha sua comunidade. As coisas dão errado. Você pode receber uma avaliação de desempenho ruim. Pode ter um chefe que não gosta de você, independentemente do que você faça. Sua empresa pode fracassar, apesar dos esforços de sua equipe. Você pode sentir os efeitos de uma crise econômica e ser demitido.

Lembre-se de que a carreira nem sempre se move em uma direção. Você pode dar dois passos para a frente e, depois, um passo para trás. O modo como lida com a adversidade ao longo do tempo pode ter um efeito maior em seu sucesso que o modo como você se planejou. Nesta seção, examino maneiras de lidar com as emoções de resultados negativos. Depois, vou explorar o que ensinam as fases ruins. Por fim, abordarei as formas de procurar um emprego depois de uma demissão.

Luto

Mesmo se achar que algo ruim vai acontecer no trabalho, você provavelmente não estará preparado para quando isso acontecer. Quando Ed era professor assistente em uma universidade importante, seu registro de publicações era sólido, mas seus colegas lhe disseram que havia a possibilidade de ele não ser promovido a titular. Eles o incentivaram a se candidatar a mais bolsas de pesquisa e a procurar vagas em outras universidades para aumentar suas chances de promoção. Ele não ouviu o conselho e, quando seu caso foi avaliado pela universidade, de fato não conseguiu a promoção. Vários anos depois, ainda estava bravo e perturbado com essa decisão. Embora tivesse conseguido emprego em outra universidade, parou de ir a conferências profissionais, e sua produtividade de pesquisa diminuiu. Apesar de diversos sinais de alerta, ele realmente não esperava o resultado ruim e não soube lidar com a decisão quando aconteceu.

É provável que um resultado negativo crie uma ruptura na narrativa de sua vida. Seus planos para uma trajetória de carreira ascendente foram perturbados. Você pode se preocupar com a possibilidade de sua família e seus amigos ficarem decepcionados com você.

Provavelmente você já ouviu falar dos cinco estágios do luto. Esses estágios foram descritos por Elisabeth Kübler-Ross, que entrevistou pacientes com doenças terminais. Ela descobriu que as pessoas muitas vezes vivenciavam negação, raiva, negociação, depressão e, então, aceitação. Nem todos passam por todos os estágios, mas é um padrão de quem teve um contratempo significativo na vida, como a perda de um emprego ou a perturbação de uma trajetória profissional.

Uma vez que a perda de um emprego ou um rebaixamento perturbam sua história de vida, você precisa dar a si mesmo uma chance de recontar essa história a fim de ressignificar e aceitar o que aconteceu. A pesquisa de Jamie Pennebaker, meu colega na Universidade do Texas, demonstra que quem escreve sobre experiências difíceis não só sente menos estresse, como se consulta com médicos com menos frequência devido a doenças graves do que quem não escreve sobre as próprias experiências. Reconheça que perder um emprego é um fato significativo e que você vai precisar lidar com isso. Escrever sobre o que aconteceu e como você se sentiu algumas vezes nas semanas depois da perda pode ajudá-lo a aceitar e superar o que aconteceu.

Você também deve ser o mais aberto possível com sua família e com amigos próximos sobre o acontecido. Perder um emprego pode provocar sentimentos de culpa e vergonha. A culpa é uma emoção voltada para dentro, na qual você se sente mal a respeito de uma ação. A vergonha é uma emoção voltada para fora, na qual você se sente mal sobre a forma como algo que fez (ou que aconteceu com você) será visto pelos outros.

Depois de perder um emprego, a vergonha surge por duas razões. Uma é que você pode ter se vangloriado de seu emprego para outras pessoas, então perdê-lo vai deixá-lo constrangido. Se for o caso, terá de se relacionar com essas pessoas sabendo que pode ser julgado por suas ações anteriores. Por mais difícil que seja, é melhor encarar isso de frente, admitindo que ter se vangloriado piorou sua situação atual. Isso abre a possibilidade de receber apoio emocional de pessoas que, de outra forma, poderiam não ser solidárias.

A outra razão é que você pode tentar imaginar as reações das pessoas diante da sua situação. Mesmo sem ter evidências, pode se sentir julgado. Se for assim, trate-se com compaixão. Como no caso dos erros que pode cometer no trabalho, imagine como reagiria diante da notícia de que um amigo próximo ou um familiar perdeu o emprego. Lembre-se de que pode ser útil avaliar uma situação pessoal como se estivesse acontecendo com outra pessoa. Às vezes você dá mais apoio aos outros que a si mesmo. Outras pessoas muitas vezes vão se aproximar quando você sofre uma perda. As perdas emocionais são muito mais fáceis de suportar quando você inclui outras pessoas no processos de luto e de superação que quando tenta carregar o peso sozinho.

Um ponto em que o cérebro social atua envolve as diferenças de gênero. Por diversas razões, os homens têm uma probabilidade muito menor que as mulheres de buscar apoio depois de um evento negativo. Se você é homem e tem um problema no trabalho, pode ter de superar sua tendência natural. E se um amigo, parente ou colega tiver passado por uma perda, pense em oferecer a ajuda que ele talvez nem peça.

Uma razão importante para reconhecer o peso emocional da perda de um emprego é que muitos dos sentimentos que você vivencia no luto dificultam seguir em frente. Estar deprimido, por exemplo, pode provocar inação. A raiva em geral não permite concentrar-se no futuro; ao contrário, ela é dirigida às pessoas ou à organização responsáveis pela perda. Ao elaborar seu luto, você estará pronto para fazer o que precisa para encontrar um novo emprego ou outro caminho de carreira.

Além disso, diversas fontes fornecem evidências de que o desemprego pode causar problemas de saúde física e mental. Então, é especialmente importante trabalhar com outros para lidar com o estresse de estar sem emprego e para se envolver em comportamentos saudáveis enquanto estiver entre empregos.

Recuperação

Seguir adiante com sua carreira depois de um contratempo exige assumir sua parte de responsabilidade pelo que aconteceu e lidar com qualquer fraqueza de sua parte que possa ter contribuído para o problema. É também necessário ser realista sobre o que o contratempo significa para sua carreira. Só então você pode começar a procurar seu próximo emprego.

Alguns problemas resultam de algo que você fez ou que poderia ter feito de outro modo. Você pode ter cometido um erro que custou caro. Pode ter relaxado em sua atenção aos detalhes. Talvez tenha havido atrito em seu relacionamento com os colegas. Você precisa avaliar de modo realista como melhorar para garantir que não vá parar na mesma situação de novo. Olhe para suas avaliações de desempenho e leve a sério qualquer feedback negativo que receber. Se tiver uma entrevista de saída, vá preparado com perguntas sobre o que fez exatamente. Pense na ideia de trabalhar com um coach de carreira para revelar pontos fracos em seu conhecimento e suas habilidades.

Em alguns casos, você não fez nada de errado, mas ainda assim é demitido. Sua organização pode ter decidido fazer um corte ou ser mal administrada, ou você pode ter sido vítima de uma crise econômica. Mesmo assim, vale a pena pensar no que poderia ter feito de diferente. Talvez o setor em que trabalha esteja encolhendo. Seu cargo pode ter sido terceirizado ou automatizado por muitas empresas. Se ele corre o risco de desaparecer nos próximos anos, busque treinamento para se manter relevante na economia. A perda de um emprego pode sinalizar que é hora de pensar em alternativas e encontrar um programa certificado ou um grau acadêmico para adquirir habilidades adicionais.

Quando você é obrigado a rever sua trajetória profissional, seu cérebro cognitivo pode resistir ao retreinamento. Você dedicou muito tempo e muita energia para desenvolver seus conhecimentos. E esse cérebro se sentirá mais confortável em fazer o que já fez no passado que em ser treinado de novo.

Porém, ao contrário do que diz o ditado, você pode ensinar novos truques a um velho cão. Mesmo que esteja no meio da carreira ou já num momento mais avançado, é possível adquirir habilidades que lhe permitirão mudar o trabalho que faz. Na verdade, um ótimo modo de permanecer aguçado é continuar a se desafiar a aprender novas habilidades no trabalho, mesmo que não pense em mudar de carreira. Depois de vencer a inércia inicial, você provavelmente descobrirá que gosta de pensar sobre o trabalho de novas maneiras.

Reconheça que um revés como esse pode alterar seu caminho de carreira ideal. Ed – cuja história aparece no início desta seção – teve de aceitar a perspectiva de não passar toda a carreira como professor em uma universidade voltada para a pesquisa. A carreira não ia progredir como ele tinha visualizado. Uma coisa é mudar de ideia a respeito de uma contribuição. É muito mais difícil emocionalmente quando a contribuição que você seria capaz de fazer é afetada por circunstâncias além de seu controle.

Como discutimos, as pessoas ficam muito mais à vontade quando sentem que fizeram algo a respeito do trabalho que realizam. Descobrir coisas que você pode controlar e concentrar esforços nelas é uma maneira de se sentir melhor a respeito de uma mudança de circunstâncias. Você não vai mais se sentir impotente em relação a sua vida profissional.

Como procurar um novo emprego

Quando começa a procurar algo novo depois de ser demitido, geralmente surgem duas questões significativas. Em primeiro lugar, você precisa dar alguma explicação sobre o motivo de não mais trabalhar para o empregador anterior. Em segundo lugar, a busca pode ser longa e frustrante.

Infelizmente, perder um emprego pode carregar um estigma, mesmo que a perda não tenha nada a ver com seu desempenho. A pesquisa sobre a *heurística da representatividade* demonstra que as pessoas baseiam seus julgamentos sobre alguém naquilo que lembram desse indivíduo. Algumas das pessoas desempregadas foram demitidas por mau desempenho ou não se esforçam muito para conseguir um novo emprego, e esse estereótipo influencia a avaliação daquelas a quem isso não se aplica.

Os recrutadores muitas vezes não percebem essa tendência, mas os candidatos acham mais difícil ser levados a sério se estiverem desempregados que se quiserem mudar de emprego. Esse é um dos motivos pelos quais é mais provável que as pessoas recebam ofertas de emprego quando ainda estão empregadas.

Como os recrutadores vão fazer suposições a respeito de seu desemprego, encare esse motivo de frente. Se tiver um bom relacionamento com empregadores anteriores, peça-lhes que sirvam de referência e reforcem sua explicação sobre a saída do emprego anterior. Se pontos fracos específicos contribuíram para a perda do emprego, diga o que você fez para corrigi-los. Muitos potenciais empregadores ficarão

10 | Sua carreira   223

impressionados com sua disposição de superar um fracasso e melhorar. Aqueles que não ficarem provavelmente não teriam levado sua candidatura a sério de qualquer maneira. Um tema recorrente neste livro é que a sinceridade de fato é a melhor política no longo prazo quando se trata de lidar com informações negativas a seu respeito.

Como sua busca de emprego provavelmente vai levar algum tempo, é importante desenvolver uma rotina que o mantenha concentrado e ativo. As buscas são lentas. Você vai enfrentar muita espera, e seus hábitos em relação a levantar-se e ir para o trabalho foram perturbados. É fácil perder a motivação.

Então, concentre-se no processo da busca, não nos resultados. Crie uma rotina que seja produtiva, mas inclua flexibilidade suficiente para encaixar telefonemas e entrevistas que surgirem. Verifique diariamente as novas postagens nos sites de emprego. Desenvolva habilidades ligadas ao novo emprego, fazendo cursos presenciais ou on-line e lendo.

A busca também pode ser solitária. Você não tem mais colegas na rotina. Seus antigos colegas e os membros de sua rede de contatos que ainda estão empregados podem se sentir culpados por não poder ajudá-lo, e isso deixa os relacionamentos mais tensos. Ser voluntário em uma organização sem fins lucrativos é um excelente modo de encontrar uma comunidade temporária enquanto procura emprego. Muitas organizações sem fins lucrativos se beneficiariam de ter alguém com suas habilidades, mesmo que seja apenas por um breve período. Você até pode conhecer pessoas capazes de ajudá-lo em sua busca de emprego. Do mesmo modo, pense em se cadastrar em uma agência de trabalho temporário. Talvez você associe agências de temporários a tarefas subalternas, mas, na economia moderna, existem muitas empresas contratando empregados temporários para posições altamente qualificadas. Isso o levará a um ambiente de trabalho e pode muito bem conectá-lo a pessoas que poderão lhe oferecer um emprego em tempo integral.

O que você faz para aumentar suas habilidades e para beneficiar outras organizações por meio de trabalho temporário ou voluntário vai criar boas histórias em entrevistas de emprego, demonstrando engenhosidade. Os empregadores sabem que na vida profissional existem altos e baixos. É fácil parecer produtivo quando os tempos são bons. Se você demonstrar que também pode ser produtivo quando os tempos são ruins, sua resiliência vai impressionar os recrutadores.

PONTOS PRINCIPAIS

Seus cérebros

CÉREBRO MOTIVACIONAL

- É natural encarar o luto depois de um contratempo na carreira.
- Os cinco estágios do luto não são automáticos, mas frequentemente ocorrem depois de uma perda.
- A vergonha é uma emoção voltada para fora, ligada com as reações das outras pessoas a algo que você fez.

CÉREBRO SOCIAL

- Em uma comparação social ascendente, você se compara com alguém mais avançado que você; em uma comparação social descendente, você se compara com alguém menos avançado que você.

CÉREBRO COGNITIVO

- Categorias *ad hoc* são organizadas ao redor de objetivos, e os membros são avaliados de acordo com sua similaridade a um ideal.

Suas dicas

- As comparações sociais são mais eficientes quando a pessoa com quem você se compara é similar a você.
- A autocomparação muitas vezes é mais útil que as outras comparações.
- Tente não definir o sucesso de modo muito estreito.
- Esteja disposto a desistir de objetivos que impedem seu sucesso ou sua satisfação com o trabalho.

- Mantenha bons relacionamentos com antigos colegas.
- Dê a si mesmo uma chance de elaborar o luto depois da perda de um emprego.
- A vergonha raramente é útil no ambiente de trabalho. Encare-a de frente.
- Esteja atento ao estigma que pode atingir quem perde um emprego, mesmo que a perda não se deva a suas ações.
- Mantenha uma rotina quando procurar emprego depois de ser demitido.
- Ser voluntário ou aceitar trabalho temporário entre empregos pode ser benéfico para você.

Epílogo
Escreva sua história

Você se lembra de como era ter 8 anos? Lembra mesmo? Provavelmente não. Com certeza, você olha para crianças de 8 anos, vê as coisas que elas fazem e se lembra de alguns acontecimentos de sua vida. Mas é difícil se projetar de fato nos pensamentos e sentimentos que tinha nessa idade.

Eu estava pensando sobre isso há pouco tempo quando encontrei os diários que escrevi ainda na infância (por insistência de minha mãe, que dizia que eu gostaria de lê-los no futuro). Li sobre placares de jogos de futebol na escola, uma descrição de uma nova caneta mecânica que ganhei e uma visita ao Franklin Institute, na Filadélfia (onde aparentemente ganhei uma moeda de suvenir da qual gostei tanto que a desenhei no diário). Muitos desses detalhes eram coisas que eu tinha esquecido, e nenhuma delas pareceu importante o bastante para registrar em um diário.

Você perde os detalhes não só da infância, mas de todos os estágios da vida. Um princípio central do cérebro cognitivo é que, quanto maior a superposição entre a informação em seu ambiente atual e a informação que estava presente na experiência inicial, mais provável é que você se lembre dessa experiência. É por isso que às vezes nos lembramos de muitos detalhes em que não pensamos por anos ao revisitarmos uma casa da infância ou um lugar em que passamos as férias tantos anos antes. E é por isso que as coisas mais fáceis de lembrar sobre o passado são aquelas mais compatíveis com o modo como vemos o mundo neste momento. Seu "agora" afeta sua visão do passado.

Uma consequência desse aspecto da memória é que pode ser difícil apreciar de fato a trajetória de sua carreira. Você vai esquecer as ansiedades do início da carreira conforme progride. Você pode deixar de reconhecer a magnitude das contribuições que fez porque elas já fazem parte de sua vida há algum tempo. Quando acha difícil lembrar os detalhes de onde começou, pode ser difícil ver aonde chegou.

Para ajudar a rastrear seu progresso, faça um registro de sua carreira. Talvez você se sinta inspirado a escrever um diário. Mas, mesmo que não se sinta, defina uma data todos os anos. Pode ser seu aniversário, o Ano-Novo ou outro dia significativo para você. Pare um pouco e escreva sobre sua vida profissional neste ano. Escreva sobre tarefas cotidianas, pessoas com quem trabalha, esperanças, sonhos e medos. Escreva sobre coisas de que se orgulha e também sobre os erros que cometeu. Pense em guardar suas agendas profissionais para ter um registro de como usou seu tempo.

E, de vez em quando, releia como seu "agora" parecia no passado. Você vai ver como muitas aspirações e preocupações se transformam. Alguns acontecimentos que você achava importantes vão desbotar. Outros que pareciam banais na época podem se mostrar cruciais. Alguns objetivos que já tinha antes continuam prioritários. Você também pode reconhecer que coisas que pensava que nunca faria se tornaram parte central do que lhe gera satisfação profissional.

Se tiver sorte o bastante para continuar saudável, sua carreira vai ocupar mais de 75 mil horas de sua vida. No entanto, quando quer saber sobre a carreira das outras pessoas, você pergunta "O que você faz?" e espera que isso seja resumido em uma palavra (professor, gerente, empreendedor) ou em uma ou duas sentenças. Sua história é mais rica que isso, e você vai gostar de apreciá-la ao máximo.

A sabedoria de para-choque de caminhão diz que, no leito de morte, as pessoas não dizem "Eu queria ter passado mais tempo no escritório". Mas se orgulham muito das contribuições que fizeram, das pessoas cuja vida foi tocada pelo seu trabalho e dos colegas cuja carreira enriqueceram. Elas saboreiam seus sucessos e têm orgulho dos obstáculos que superaram. Até os fracassos muitas vezes se transformam em boas histórias depois de ter passado tempo suficiente.

Então, meu conselho é que você escreva. Saboreie os detalhes. E lembre-se de que a expressão mais triste em inglês é *"Thank God it's Friday"* [Graças a Deus é sexta-feira]. Se sua vida profissional é só um modo de passar o tempo entre os fins de semana, você está perdendo uma grande aventura.

Referências

Capítulo 1 – O caminho para o sucesso passa pela ciência cognitiva

BUREAU of Labor Statistics. *Jobs, Labor Market Experience, and Earnings Growth among Americans at 50: Results from a Longitudinal Survey. Washington*, DC: USDL17-1158, 2015.

GENTNER, D. "Some Interesting Differences between Nouns and Verbs", *Cognition and Brain Theory* 4, nº 2, 1981, p. 161-178.

MCCABE, D. P.; CASTEL, A. D. "Seeing Is Believing: The Effect of Brain Images on Judgments of Scientific Reasoning", *Cognition* 107, nº 1, 2008, p. 343-352.

MEDIN, D. L.; ORTONY, A. "Psychological Essentialism". In: VOSNIADOU, S.; ORTONY, A. (orgs.) *Similarity and Analogical Reasoning*. Nova York: Cambridge University Press, 1989, p. 179-195.

Capítulo 2 – Encontre oportunidades que você pode valorizar

BARDI, A.; SCHWARTZ, S. H. "Values and Behavior: Strength and Structure of Relations", *Personality and Social Psychology Bulletin* 29, nº 10, 2003, p. 1.207-1.020.

CHEN, P.; ELLSWORTH, P. C.; SCHWARZ, N. "Finding a Fit or Developing It: Implicit Theories about Achieving Passion for Work", *Personality and Social Psychology Bulletin* 41, nº 10, 2015, p. 1.411-1.424.

DAWSON, J. "A History of Vocation: Tracing a Keyword of Work, Meaning, and Moral Purpose", *Adult Education Quarterly* 55, nº 3, 2005, p. 220-231.

DIK, B. J.; DUFFY, R. D. "Calling and Vocation at Work", *The Counseling Psychologist* 37, nº 3, 2009, p. 424-450.

DUFFY, R. D.; DIK, B. J.; STEGER, M. F. "Calling and Work-related Outcomes: Commitment as a Mediator", *Journal of Vocational Behavior* 78, 2011, p. 210-218.

GILOVICH, T.; MEDVEC, V. H. "The Temporal Pattern to the Experience of Regret", *Journal of Personality and Social Psychology* 67, nº 3, 1994, p. 357-365.

HARTER, J. K.; SCHMIDT, F. L.; KEYES, C. L. "Well-being in the Workplace and Its Relationship to Business Outcomes: A Review of the Gallup Studies". In: KEYES, C. L.; HAIDT, J. (orgs.) *Flourishing: The Positive Person and the Good Life*. Washington, DC: American Psychological Association, 2002.

LANGER, E. J. "The Illusion of Control", *Journal of Personality and Social Psychology* 32, nº 2, 1975, p. 311-328.

WARD, T. B. "What's Old about New Ideas". In: SMITH, S. M.; WARD, T. B.; FINKE, R. A. *The Creative Cognition Approach*. Cambridge, MA: The MIT Press, 1995, p. 157-178.

Capítulo 3 – Como se candidatar a uma vaga e se comportar nas entrevistas

ALTER, A. L.; Oppenheimer, D. M. "Uniting the Tribes of Fluency to Form a Metacognitive Nation", *Personality and Social Psychology Review* 13, nº 3, 2009, p. 219-235.

AMBADY, N., BERNIERI; F. J.; RICHESON, J. A. "Toward a Histology of Social Behavior: Judgmental Accuracy from Thin Slices of the Behavioral Stream", *Advances in Experimental Social Psychology* 32, 2000, p. 201-271.

BEILOCK, S. L. *Choke: What the Secrets of the Brain Reveal about Getting It Right When You Have To*. Nova York: Free Press, 2010.

DARKE, S. "Anxiety and Working Memory Capacity", *Cognition and Emotion* 2, n° 2, 1987, p. 145-154.

HIGGINS, E. T.; KING, G. A.; MAVIN, G. H. "Individual Construct Accessibility and Subjective Impressions and Recall", *Journal of Personality and Social Psychology* 43, n° 1, 1982, p. 35-47.

JOHNSON, J. H.; SARASON, I. G. "Life Stress, Depression and Anxiety: Internal--External Control as a Moderator Variable", *Journal of Psychosomatic Research* 22, n° 3, 1978, p. 205-208.

NISBETT, R. E.; WILSON, T. D. "The Halo Effect: Evidence for Unconscious Alteration of Judgments", *Journal of Personality and Social Psychology* 35, n° 4, 1977, p. 250-256.

PICKERING, M. J.; GARROD, S. "Toward a Mechanistic Psychology of Dialogue", *Behavioral and Brain Sciences* 27, n° 2, 2004, p. 169-226.

SHAFIR, E. "Choosing versus Rejecting: Why Some Options Are Both Better and Worse Than Others", *Memory and Cognition* 21, n° 4, 1993, p. 546-556.

SHAFIR, E.; SIMONSON, I.; TVERSKY, A. "Reason-Based Choice", *Cognition* 49, 1993, p. 11-36.

SPECTOR, P. E. "Behavior in Organizations as a Function of Employee's Locus of Control", *Psychological Bulletin* 91, n° 3, 1982, p. 482-497.

THOMPSON, S. D.; KELLEY, H. H. "Judgments of Responsibility for Activities in Close Relationships", *Journal of Personality and Social Psychology* 41, n° 3, 1981, p. 469-477.

WEAVER, K.; GARCIA, S. M.; SCHWARZ, N. "The Presenter's Paradox", *Journal of Consumer Research* 39, 2012, p. 445-460.

Capítulo 4 – Da proposta à decisão

GENTNER, D.; MARKMAN, A. B. "Structure Mapping in Analogy and Similarity", *American Psychologist* 52, n° 1, 1997, p. 45-56.

HSEE, C. K. "The Evaluability Hypothesis: An Explanation of Preference Reversals for Joint and Separate Evaluation of Alternatives", *Organizational Behavior and Human Decision Processes*, 67, n° 3, 1996, p. 247-257.

KRUGLANSKI, A. W.; WEBSTER, D. M. "Motivated Closing of the Mind: 'Seizing' and 'Freezing'", *Psychological* 103, nº 2, 1996, p. 263-283.

KUNDA, Z. "The Case for Motivated Reasoning", *Psychological Bulletin* 108, nº 3, 1990, p. 480-498.

LAKOFF, G.; JOHNSON, M. *Metaphors We Live By*. Chicago, IL: The University of Chicago Press, 1980.

LOSCHELDER, D. D. et al. "The Too-Much-Precision Effect: When and Why Precise Anchors Backfire with Experts", *Psychological Science* 27, nº, 12, 2016, p. 1.573-1.587.

MARKMAN, A. B.; MEDIN, D. L. "Similarity and Alignment in Choice", *Organizational Behavior and Human Decision Processes* 63, nº 2, 1995, p. 117-130.

ROSEMAN, I. J. "Appraisal Determinants of Emotions: Constructing an Accurate and Comprehensive Theory", *Cognition and Emotion* 10, nº 3, 1996, p. 241-278.

RUSSO, E. J.; MEDVEC, V. H.; MELOY, M. G. "The Distortion of Information during Decisions", *Organizational Behavior and Human Decision Processes* 66, 1996, p. 102-110.

SCHAERER, M.; SWAAB, R. I.; GALINSKY, A. D. "Anchors Weigh More Than Power: Why Absolute Powerlessness Liberates Negotiators to Achieve Better Outcomes", *Psychological Science* 26, nº 2, 2015, p. 170-181.

SHAFIR, E.; SIMONSON, I.; TVERSKY, A. "Reason-Based Choice", *Cognition* 49, 1993, p. 11-36.

STANOVICH, K. E.; WEST, R. F. "Individual Differences in Rational Thought", *Journal of Experimental Psychology: General* 127, nº 2, 1998, p. 161-188.

TROPE, Y.; LIBERMAN, N. "Temporal Construal", *Psychological Review* 110, nº 3, 2003, p. 403-421.

TVERSKY, A.; D. KAHNEMAN, D. "Judgment under Uncertainty: Heuristics and Biases", *Science* 185, 1974, p. 1.124-1.131.

WILSON, T. D.; SCHOOLER, J. W. "Thinking Too Much: Introspection Can Reduce the Quality of Preferences and Decisions", *Journal of Personality and Social Psychology* 60, nº 2, 1991, p. 181-192.

Capítulo 5 – Aprender

AARTS, H.; GOLLWITZER, P. M.; HASSIN, R. R. "Goal Contagion: Perceiving Is for Pursuing", *Journal of Personality and Social Psychology* 87, n° 1, 2004, p. 23-37.

BASALLA, G. *The Evolution of Technology*. Cambridge, UK: Cambridge University Press, 1988.

CHI, M. T. H.; VANLEHN, K. A. "The Content of Physics Self-Explanations", *Journal of the Learning Sciences* 1, n° 1, 1991, p. 69-105.

DUNNING, D.; KRUGER, J. "Unskilled and Unaware of It: How Difficulties in Recognizing One's Own Incompetence Lead to Inflated Self-Assessments", *Journal of Personality and Social Psychology* 77, n° 6, 1999, p. 1.121-1.134.

KOLLIGIAN, J.; STERNBERG, R. J. "Perceived Fraudulence in Young Adults: Is There an 'Imposter Syndrome'?", *Journal of Personality Assessment* 56, n° 2, 1991, p. 308-326.

MARKMAN, A. B. *Knowledge Representation*. Mahwah, NJ: Lawrence Erlbaum Associates, 1999.

MARKMAN, A. *Habits of Leadership*. Nova York: Perigee, 2013.

_____. *Smart Thinking*. Nova York: Perigee, 2012.

MAXWELL, N. L.; LOPUS, J. S. "The Lake Wobegon Effect in Student Self-Reported Data", *American Economic Review* 84, n° 2, 1994, p. 201-205.

METCALFE, J.; SHIMAMURA, A. P. (eds.) *Metacognition: Knowing about Knowing*. Cambridge, MA: The MIT Press, 1994.

ROEDIGER, H. L.; MCDERMOTT, K. B. Creating False Memories: Remembering Words Not Presented in Lists", *Journal of Experimental Psychology: Learning, Memory, and Cognition* 21, n° 4, 1995, p. 803-814.

ROSENBLIT, L.; KEIL, F. C. "The Misunderstood Limits of Folk Science: An Illusion of Explanatory Depth", *Cognitive Science* 26, 2002, p. 521-562.

STURGIS, P.; ROBERTS, C.; SMITH, P. "Middle Alternatives Revisited: How the Neither/ Nor Response Acts as a Way of Saying 'I Don't Know'", *Sociological Methods and Research* 43, n° 1, 2014, p. 15-38.

Capítulo 6 – Comunicar

BRUMMELMAN, E.; THOMAES, S.; SEDIKIDES, C. "Separating Narcissism from Self-esteem", *Current Directions in Psychological Science* 25, nº 1, 2016, p. 8-13.

CLARK, H. H. *Using Language*. Nova York: Cambridge University Press, 1996.

GARROD, S.; DOHERTY, G. "Conversation, Co-ordination and Convention: An Empirical Investigation of How Groups Establish Linguistic Conventions", *Cognition* 53, 1994, p. 181-215.

KEATING, E., JARVENPAA, S. L. *Words Matter: Communicating Effectively in the New Global Office*. Oakland, CA: University of California Press, 2016.

LEVELT, W. J. M. *Speaking: From Intention to Articulation*. Cambridge, MA: The MIT Press, 1989.

LEVINSON, S. C. "Deixis". In: HORN, L. R.; WARD, G. (eds.) *Handbook of Pragmatics*. Malden, MA: Blackwell, 2004, p. 97-121.

MCTIGHE, J.; THOMAS, R. S. "Backward Design for Forward Action", *Educational Leadership* 60, nº 5, 2003, p. 52-55.

Capítulo 7 – Produzir

ANDERSON, M. C.; SPELLMAN, B. A. "On the Status of Inhibitory Mechanisms in Cognition: Memory Retrieval as a Model Case", *Psychological Review* 102, nº 1, 1995, p. 68-100.

ANDERSON, M. C.; GREEN, C.; MCCULLOCH, K. C. "Similarity and Inhibition in Long-term Memory: Evidence for a Two-Factor Theory", *Journal of Experimental Psychology: Learning, Memory, and Cognition* 26, nº 5, 2000, p. 1.141-1.159.

DALSTON, B. H.; BEHM, D. G. "Effects of Noise and Music on Human and Task Performance: A Systematic Review", *Occupational Ergonomics* 7, 2007, p. 143-52.

DOBBS, S.; FURNHAM, A.; MCCLELLAND, A. "The Effect of Background Music and Noise on the Cognitive Test Performance of Introverts and Extraverts", *Applied Cognitive Psychology* 25, 2011, p. 307-313.

DRUCKER, P. F. *The Practice of Management*. Nova York: HarperCollins, 1954.

EMBERSON, L. L. et al. "Overheard Cell-Phone Conversations: When Less Speech Is More Distracting", *Psychological Science* 21, nº 20, 2010, p. 1.383-1.388.

FISKE, A. P. "The Four Elementary Forms of Sociality: Framework for a Unified Theory of Social Relations", *Psychological Review* 99, 1992, p. 689-723.

HANCZAKOWSKI, M.; BEAMAN, C. P.; JONES, D. M. "Learning through Clamor: The Allocation and Perception of Study Time in Noise", *Journal of Experimental Psychology: General* 147, nº 7, 2018, p. 1.005-1.022.

HILDRETH, J. A. D.; ANDERSON, C. "Failure at the Top: How Power Undermines Collaborative Performance", *Journal of Personality and Social Psychology* 110, nº 2, 2016, p. 261-286.

HILLMAN, C. H.; ERICKSON, K. I.; KRAMER, A. F. "Be Smart, Exercise Your Heart: Exercise Effects on Brain and Cognition", *Nature Reviews Neuroscience* 9, 2008, p. 58-65.

HOFSTEDE, G.; HOFSTEDE, G. J.; MINKOV, M. *Cultures and Organizations* (3. ed.). Nova York: McGraw-Hill, 2010.

HUMPHREYS, M. S.; REVELLE, W. "Personality, Motivation, and Performance: A Theory of the Relationship between Individual Differences and Information Processing", *Psychological Review* 91, nº 2, 1984, p. 153-184.

JONASON, P. K.; SLOMSKI, S.; PARTYKA, J. "The Dark Triad at Work: How Toxic Employees Get Their Way", *Personality and Individual Differences* 52, nº 3, 2012, p. 449-453.

MEDNICK, S. C. et al. "Comparing the Benefits of Caffeine, Naps, and Placebo on Verbal, Motor, and Perceptual Memory", *Behavioural Brain Research* 193, 2008, p. 79-86.

PASHLER, H. E. *The Psychology of Attention*. Cambridge, MA: The MIT Press, 1998.

PAULHUS, D. L.; WILLIAMS, K. M. "The Dark Triad of Personality: Narcissism, Machiavellianism, and Psychopathy", *Journal of Research in Personality* 36, nº 6, 2002, p. 556-563.

SCULLIN, M. K.; BLIWISE, D. L. "Sleep, Cognition, and Normal Aging: Integrating a Half-century of Multidisciplinary Research", *Perspectives on Psychological Science* 10, nº 1, 2015, p. 97-137.

TANNENBAUM, S. I.; CERASOLI, C. P. "Do Team and Individual Debriefs Enhance Performance?", *Human Factors* 55, nº 1, 2013, p. 231-245.

WALKER, M. P. "The Role of Sleep in Cognition and Emotion", *Annals of the New York Academy of Sciences* 1156, 2009, p. 168-197.

WALKER, M. P.; STICKGOLD. R. "Sleep, Memory, and Plasticity", *Annual Review of Psychology* 57, 2006, p. 139-166.

YERKES, R. M.; DODSON, J. D.. "The Relation of Strength of Stimulus to Rapidity of Habit-Formation", *Journal of Comparative Neurology and Psychology* 18, 1908, p. 459-482.

Capítulo 8 – Liderar

ARKES, H. R.; BLUMER, C. "The Psychology of Sunk Cost", *Organizational Behavior and Human Decision Processes* 35, 1985, p. 124-140.

BOLAND-PROM, K.; ANDERSON, S. C. "Teaching Ethical Decision Making Using Dual Relationship Principles as a Case Example", *Journal of Social Work Education* 41, nº 3, 2005, p. 495-510.

BREHM, J. W.; SELF, E. A. "The Intensity of Motivation", *Annual Review of Psychology* 40, 1989, p. 109-131.

COOPER, V. W. "Homophily or the Queen Bee Syndrome: Female Evaluation of Female Leadership", *Small Group Research* 28, nº 4, 1997, p. 483-499.

DUCKWORTH, A. L. et al. "Grit: Perseverance and Passion for Long-term Goals", *Psychological Review* 92, nº 6, 2007, p. 1.087-1.101.

EAGLY, A. H.; CHIN, J. L. "Diversity and Leadership in a Changing World", *American Psychologist* 65, nº 3, 2010, p. 216-224.

GIGERENZER, G. "Why the Distinction between Single-Event Probabilities and Frequencies Is Important for Psychology (and Vice Versa)". In: WRIGHT, G; AYTON, P. (eds.) *Subjective Probability*. Nova York: John Wiley and Sons, 1994, p. 129-161.

_____. *Adaptive Thinking: Rationality in the Real World*. Nova York: Oxford University Press, 2000.

JOHNSON, H. M.; SEIFERT, C. M. "Sources of the Continued Influence Effect: When Misinformation in Memory Affects Later Instances", *Journal of Experimental Psychology: Learning, Memory, and Cognition* 20, nº 6, 1994, p. 1.420-1.436.

LAZONICK, W.; O'SULLIVAN, M. "Maximizing Shareholder Value: A New Ideology for Corporate Governance", *Economy and Society* 1, 2000, p. 13-35.

LEUNG, A. K. et al. "Multicultural Experience Enhances Creativity: The When and How", *American Psychologist* 63, nº 3, 2008, p. 169-181.

LUCAS, H. C.; GOH, J. M. "Disruptive Technology: How Kodak Missed the Digital Photography Revolution", *Journal of Strategic Information Systems* 18, nº 1, 2009, p. 46-55.

MARKMAN, A. *Smart Change: Five Tools to Create New and Sustainable Habits in Yourself and Others*. Nova York: Perigee, 2014.

MAVIN, S. "Queen Bees, Wannabees, and Afraid to Bees: No More 'Best Enemies' for Women in Management", *British Journal of Management* 19, 2008, p. S75-S84.

MCFADDEN, K. L.; TOWELL, E. R. "Aviation Human Factors: A Framework for the New Millennium", *Journal of Air Transport Management* 5, nº 4, 1999, p. 177-184.

MISCHEL, W.; SHODA, Y. "A Cognitive-Affective System Theory of Personality: Reconceptualizing Situations, Dispositions, Dynamics, and Invariance in Personality Structure", *Psychological Review* 102, nº 2, 1995, p. 246-268.

NISBETT, R. E. (ed.) Rules for Reasoning. Hillsdale, NJ: Lawrence Erlbaum Associates, 1993.

OETTINGEN, G. *Rethinking Positive Thinking: Inside the New Science of Motivation*. Nova York: Current, 2014.

ROSS, L. D. "The Intuitive Psychologist and His Shortcomings: Distortions in the Attribution Process". In: BERKOWITZ, L. (ed.) *Advances in Experimental Social Psychology*, v. 10. Nova York: Academic Press, 1977.

SPETZLER, C.; WINTER, H.; MEYER, J. *Decision Quality*. Nova York: Wiley, 2016.

THORSTEINSSON, E. B.; JAMES, J. E. "A Meta-analysis of the Effects of Experimental Manipulations of Social Support during Laboratory Stress", *Psychology and Health* 14, 1999, p. 869-886.

TVERSKY, A.; KAHNEMAN, D. "Judgment under Uncertainty: Heuristics and Biases", *Science* 185, 1974, p. 1.124-1.131.

VERGAUWE, J. et al. "The Double-Edged Sword of Leader Charisma: Understanding the Curvilinear Relationship between Charismatic Personality and Leader Effectiveness", *Journal of Personality and Social Psychology* 114, nº 1, 2018, p. 110-130.

WEATHERSBY, G. B. "Leadership vs. Management", *Management Review* 88, nº 3, 1999, p. 5.

WOLLITZKY-TAYLOR, K. B. et al. "Psychological Approaches in the Treatment of Specific Phobias: A Meta-analysis", *Clinical Psychology Review* 28, nº 6, 2008, p. 1.021-1.037.

WOODRUFF, P. *The Ajax Dilemma: Justice, Fairness, and Rewards*. Nova York: Oxford University Press, 2011.

Capítulo 9 – Mudar de carreira, tentar uma promoção ou mudar de empresa

AJZEN, I.; FISHBEIN, M. "Attitude-Behavior Relations: A Theoretical Analysis and Review of Empirical Research", *Psychological Bulletin* 84, nº 5, 1977, p. 888-918.

ARTZ, B.; GOODALL, A. H.; OSWALD, A. J. "Boss Competence and Worker Well-being", *Industrial and Labor Relations Review* 70, nº 2, 2017, p. 419-450.

BRICKMAN, P.; CAMPBELL, D. T. "Hedonic Relativism and Planning the Good Society". In: APPLEY, M. H. (ed.) *Adaptation Level Theory: A Symposium*. Nova York: Academic Press, 1971, p. 287-302.

CAMPBELL, C. R.; MARTINKO, M. J. "An Integrative Attributional Perspective of Empowerment and Learned Helplessness: A Multimethod Field Study", *Journal of Management* 24, nº 2, 1998, p. 173-200.

DANE, E.; BRUMMEL, B. J. "Examining Workplace Mindfulness and Its Relation to Job Performance and Turnover Intention", *Human Relations* 67, nº 1, 2014, p. 105-128.

DE BLOOM, J. et al. "How Does a Vacation from Work Affect Employee Health and Well-being?", *Psychology and Health* 26, nº, 12, 2011, p. 1.606-1.622.

DE BLOOM, J.; GEURTS, S. A.; KOMPIER, M. A. "Vacation (After-)Effects on Employee Health and Well-being, and the Role of Vacation Activities, Experiences, and Sleep", *Journal of Happiness Studies* 14, nº 2, 2013, p. 613-633.

FRITZ, C. et al. "Embracing Work Breaks: Recovering from Work Stress", *Organizational Dynamics* 42, 2013, p. 274-280.

GENSOWSKY, M. "Personality, IQ, and Lifetime Earnings", *Labour Economics* 51, 2018, p. 170-183.

GILBERT, D. T.; WILSON, T. D. "Miswanting: Some Problems in the Forecasting of Future Affective States". In: FORGAS, J. *Thinking and Feeling: The Role of Affect in Social Cognition*. Nova York: Cambridge University Press, 2000, p. 178-197.

GILBERT, D. T.; GILL, M. J.; WILSON, T. D. "The Future Is Now: Temporal Correction in Affective Forecasting", *Organizational Behavior and Human Decision Processing* 88, n° 1, 2002, p. 430-444.

HOLYOAK, K. J.; SIMON, D. "Bidirectional Reasoning in Decision Making", *Journal of Experimental Psychology: General* 128, n° 1, 1999, p. 3-31.

JACKSON, D.; FIRTKO, A.; EDENBOROUGH, M. "Personal Resilience as a Strategy for Surviving and Thriving in the Face of Workplace Adversity: A Literature Review", *Journal of Advanced Nursing* 60, n° 1, 2007, p. 1-9.

JUDGE, T. A.; LIVINGSTON, B. A.; HURST, C. "Do Nice Guys-and Gals-Really Finish Last? The Joint Effects of Sex and Agreeableness on Income", *Journal of Personality and Social Psychology* 102, n° 2, 2012, p. 390-407.

KOO, M.; FISHBACH, A. "Climbing the Goal Ladder: How Upcoming Actions Increase Level of Aspiration", *Journal of Personality and Social Psychology* 90, n° 1, 2010, p. 1-13.

MARKMAN, A. B.; MEDIN, D. L. "Similarity and Alignment in Choice", *Organizational Behavior and Human Decision Processes* 63, n° 2, 1995, p. 117-130.

MCDONALD, D. *The Golden Passport: Harvard Business School and the Limits of Capitalism, and the Moral Failure of the MBA Elite*. Nova York: Harper Business, 2017.

MILLER, K. I. et al. "An Integrated Model of Communication, Stress, and Burnout in the Workplace", *Communication Research* 17, n° 3, 1990, p. 300-326.

OVSIANKINA, M. "Die Wiederafunahme unterbrochener Handlungen" ["The Resumption of Interrupted Tasks"], *Psychologische Forschung* 11, 1928, p. 302-379.

RUSSO, E. J.; MEDVEC, V. H.; MELOY, M. G. "The Distortion of Information during Decisions", *Organizational Behavior and Human Decision Processes* 66, 1996, p. 102-110.

ZEIGARNIK, B. "Das Behalten erledigter unt unerledigter Handlungen ["The Retention of Completed and Uncompleted Actions"], *Psychologische Forschung* 9, 1927, p. 1-85.

ZHANG, S.; MARKMAN, A. B. "Overcoming the Early Entrant Advantage: The Role of Alignable and Nonalignable Differences", *Journal of Marketing Research* 35, 1998, p. 413-426.

Capítulo 10 – Sua carreira

ASHTON, W. A.; FUEHRER, A. "Effects of Gender and Gender Role Identification of Participant and Type of Social Support Resource on Support Seeking", *Sex Roles* 7-8, 1993, p. 461-476.

BARSALOU, L. W. "Ad Hoc Categories", *Memory and Cognition* 11, 1983, p. 211-227.

_____. "Ideals, Central Tendency and Frequency of Instantiation as Determinants of Graded Structure in Categories", *Journal of Experimental Psychology: Learning, Memory and Cognition* 11, nº 4, 1985, p. 629-654.

BENGTSSON, M.; KOCK, S. "'Coopetition' in Business Networks – To Cooperate and Compete Simultaneously", *Industrial Marketing Management* 29, nº 5, 2000, p. 411-426.

BLAU, D. M.; ROBINS, P. K. "Job Search Outcomes for the Employed and Unemployed", *Journal of Political Economy* 98, nº 3, 1990, p. 637-655.

CHUN, J. S.; BROCKNER, J.; DE CREMER, D. "How Temporal and Social Comparisons in Performance Evaluation Affect Fairness Perceptions", *Organizational Behavior and Human Decision Processes* 145, nº 1, 2018, p. 1-15.

COHEN, T. R. et al. "Introducing the GASP Scale: A Measure of Guilt and Shame Proneness", *Journal of Personality and Social Psychology* 100, nº 5, 2011, p. 947-966.

KUBLER-ROSS, E. *On Death and Dying*. Nova York: Scribner and Sons, 1969.

MCKEE-RYAN, F. et al. "Psychological and Physical Well-being during Unemployment", *Journal of Applied Psychology* 90, nº 1, 2005, p. 53-76.

NEFF, K. "Self-compassion: An Alternative Conceptualization of a Healthy Attitude toward Oneself", *Self and Identity* 2, nº 2, 2003, p. 85-101.

NISBETT, R. E.; WILSON, T. D. "The Halo Effect: Evidence for Unconscious Alteration of Judgments", *Journal of Personality and Social Psychology* 35, nº 4, 1977, p. 250-256.

OETTINGEN, G.; PAK, H.-J.; SCHNETTER, K. "Self-regulation of Goal-setting: Turning Free Fantasies about the Future into Binding Goals", *Journal of Personality and Social Psychology* 80, nº 5, 2001, p. 736-753.

PENNEBAKER, J. W. "Writing about Emotional Experiences as a Therapeutic Process", *Psychological Science* 8, nº 3, 1997, p. 162-166.

SCHER, S. J.; DARLEY, J. M. "How Effective Are the Things People Say to Apologize? Effects of the Realization of the Apology Speech Act", *Journal of Psycholinguistic Research* 26, nº 1, 1997, p. 127-140.

SHIPP, A. J. et al. "Gone Today but Here Tomorrow: Extending the Unfolding Model of Turnover to Consider Boomerang Employees", *Personnel Psychology* 67, 2014, p. 421-462.

SMITH, R. H.; DIENER, E.; WEDELL, D. H. "Intrapersonal and Social Comparison Determinants of Happiness: A Range-frequency Analysis", *Journal of Personality and Social Psychology* 56, nº 3, 1989, p. 317-325.

TVERSKY, A.; KAHNEMAN, D. "Judgment under Uncertainty: Heuristics and Biases", *Science* 185, 1974, p. 1.124-1.131.

WOOLLEY, K.; FISHBACH, A. "For the Fun of It: Harnessing Immediate Rewards to Increase Persistence in Long-term Goals", *Journal of Consumer Research* 42, nº 6, 2016, p. 952-966.

Epílogo – Escreva sua história

TULVING, E.; THOMSON, D. M. "Encoding Specificity and Retrieval Processes in Episodic Memory", *Psychological Review* 80, 1973, p. 352-373.

Agradecimentos

A capa de um livro como este traz o nome de apenas um autor, o que torna difícil saber que um grande número de pessoas foi realmente responsável pelo conteúdo.

Este trabalho nunca teria acontecido sem Kate Davis e Rich Bellis, da Fast Company, e Sarah Green Carmichael e Amy Gallo, da HBR, que passaram anos sugerindo tantas histórias ligadas ao ambiente de trabalho que fiquei inspirado a abordar essas questões em um livro. Gostei muitíssimo de trabalhar com eles e espero continuar a fazê-lo.

Um enorme obrigado às muitas, muitas, muitas (muitas) pessoas nas redes sociais que responderam a meus pedidos de histórias sobre aspectos de suas carreiras. Todas foram muito generosas em compartilhar suas experiências. Peço desculpas por não ter podido usar todos os episódios enviados.

Como sempre, tenho profunda gratidão por meu incrível agente, Giles Anderson, que me incentiva a continuar a escrever e navega habilmente pelo mundo editorial para que eu não precise fazer isso.

Meu trabalho com o programa Dimensões Humanas das Organizações, na Universidade do Texas, trouxe muitas informações a respeito de carreiras. Obrigado a Amy Ware, Lewis Miller, Lauren Lief, Jessica Crawford, Rolee Rios e Alyx Dykema pelo trabalho árduo com o programa. Este livro é dedicado a eles. Obrigado também a Randy Diehl, Marc Musick, Richard Flores, Esther Raizen e a todo o departamento da reitoria do College of Liberal Arts [Faculdade de Ciências Humanas e Artes] na Universidade do Texas por apoiar o programa ao longo de anos. Minha mais profunda gratidão ao corpo docente e aos alunos do programa por compartilharem sua sabedoria.

Durante a evolução deste livro, algumas pessoas se ofereceram para me dar feedback a respeito do texto. Obrigado a Vera Hinojosa, Elizabeth Molitor e Lara Reichle por dedicarem tempo à leitura, apontando erros de ortografia e tudo o mais. E obrigado a meu parceiro no programa *Two Guys on Your Head*, Bob Duke, pelas discussões e pelos comentários quanto ao texto. Agradeço a Heidi Grant e David Burkus, que acrescentaram pontos de vista interessantes ao longo do caminho.

Os funcionários da Harvard Business Review Press foram essenciais para transformar este livro em realidade. Aprecio a disponibilidade de Jeff Kehoe para assumir o projeto; o feedback dele e o dos revisores (entre eles Kate Davis e Pete Foley) melhoraram muito o texto. Adoro a capa [da edição americana] criada por Stephani Finks e sua equipe e a aparência *clean* do miolo, criado pela equipe de diagramação. O marketing, coordenado por Julie Devoll, fez um trabalho fantástico ao levar este livro às pessoas.

Finalmente, meu amor e meus agradecimentos a Leora Orent, por me ouvir falar sem parar sobre este projeto, e a Lucas, 'Eylam e Niv, por me lembrarem claramente como é o início de uma carreira. Algumas das histórias deles foram contadas nestas páginas. Obrigado também a meus pais, Sondra e Ed Markman, cujas carreiras e cujos conselhos influenciaram minhas decisões a respeito de como navegar minha própria carreira. E obrigado por me fazer escrever um diário no ensino fundamental, mãe.

Sobre o autor

ART MARKMAN é bacharel (ScB) em ciências cognitivas pela Universidade Brown e mestre e doutor em psicologia pela Universidade de Illinois. Deu aulas na Universidade Northwestern e na Universidade Columbia antes de se juntar ao corpo docente da Universidade do Texas, em Austin, em 1998, onde hoje ocupa a cátedra Annabel Irion Worsham Centennial como professor de psicologia e marketing e também como diretor do IC^2 Institute. Foi fundador e diretor do Dimensões Humanas das Organizações, um programa inovador que usa as ciências humanas, sociais e comportamentais para ensinar às empresas, à administração pública, às organizações sem fins lucrativos e às Forças Armadas sobre pessoas. Markman escreveu mais de 150 artigos acadêmicos sobre projetos de pesquisa focados em assuntos de pensamento de alto nível, incluindo raciocínio, tomada de decisões e motivação. Foi editor-executivo do periódico *Cognitive Science* durante nove anos. Markman está comprometido com a ideia de levar os insights da ciência cognitiva para um público mais amplo. Ele escreve regularmente nos blogs da *Psychology Today*, da *Fast Company* e da *Harvard Business Review*, além de ter um programa de rádio e um podcast chamado *Two Guys on Your Head*. É autor de vários livros, entre os quais *Smart Thinking*, *Smart Change*, *Habits of Leadership* e *Brain Briefs*. Quando não está trabalhando nem passando um tempo com sua família, está tocando saxofone em uma banda de ska.